U0934554

珍藏本

纪念版

汉译世界学术名著丛书

给塞伦娜的信

〔英〕约翰·托兰德 著

陈启伟 译

2017年·北京

John Toland

LETTERS TO SERENA

Printed for Bernard Lintot at the
Middle-Temple Gate in Fleet Street.
M. DCC. IV.

汉译世界学术名著丛书
（120年纪念版·珍藏本）
出版说明

2017年2月11日，商务印书馆迎来120岁的生日。120年前，商务印书馆前贤怀揣文化救国的理想，抱持“昌明教育，开启民智”的使命，立足本土，放眼寰宇，以出版为津梁，沟通中西，为中国、为世界提供最富智慧的思想文化成果。无论世事白云苍狗，潮流左右激荡，甚至战火硝烟弥漫，始终践行学术报国之志，无改初心。

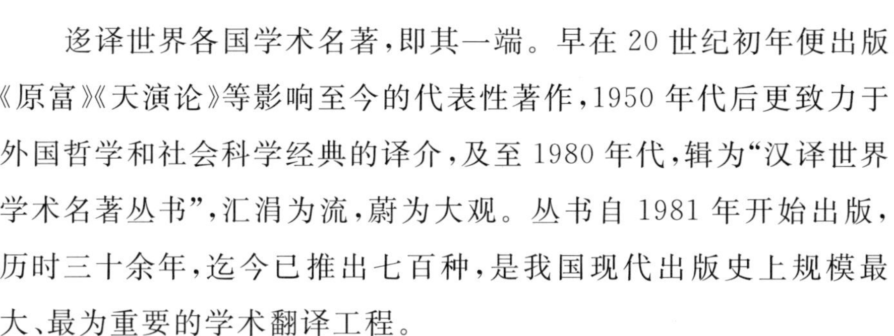

迻译世界各国学术名著，即其一端。早在20世纪初年便出版《原富》《天演论》等影响至今的代表性著作，1950年代后更致力于外国哲学和社会科学经典的译介，及至1980年代，辑为“汉译世界学术名著丛书”，汇涓为流，蔚为大观。丛书自1981年开始出版，历时三十余年，迄今已推出七百种，是我国现代出版史上规模最大、最为重要的学术翻译工程。

丛书所选之书，立场观点不囿于一派，学科领域不限于一门，皆为文明开启以来，各时代、各国家、各民族的思想与文化精粹，代表着人类已经到达过的精神境界。丛书系统译介世界学术经典，引领时代思想，为本土原创学术的发展提供丰富的文化滋养，为推动中国现代学术和现代化进程做出了突出的贡献。

为纪念商务印书馆成立120周年，我们整体推出“汉译世界学术名著丛书”120年纪念版的珍藏本，寄望既利于文化积累，又便于研读查考，同时向长期支持丛书出版的译者、编者和读者致以敬意。

两甲子后的今天，商务印书馆又站在了一个新的历史时间节点上。我们不仅要铭记先辈的身影和足迹，更须让我们的步伐充满新的时代精神。这是商务人代代相传的事业，更是与国家和民族的命运始终紧密相连的事业。我们责无旁贷，必须做好我们这代人的传承与创造，让我们的努力和成果不仅凝聚成民族文化的记忆，还能成为后来人可以接续的事业。唯此，才能不负前贤，无愧来者。

商务印书馆编辑部

2017年10月

Opinionum Commenta
delet Dies,
Naturae Judicia confirmat.

Cic. de Nat. Deor. 1. 2*

---

* 岁月会消灭谬误
而确证自然的判断
——西塞罗:《论神性》,第 2 卷

中译本序

约翰·托兰德(1670～1722)是十八世纪英国著名的自由思想家和唯物主义哲学家,一生著作颇丰,最主要的作品有《基督教并不神秘》(1696)、《给塞伦娜的信》(1704)和《泛神论要义》(1720),而《给塞伦娜的信》则是其唯物主义思想臻于成熟的代表作,在十八世纪上半叶英国思想界和法国启蒙运动中传播甚广,有重大的影响。

《给塞伦娜的信》是托兰德在十八世纪初年在欧陆国家旅游和寓居(主要在当时的普鲁士)期间写作的,1704 年在伦敦出版。书名中的"塞伦娜"是假托的名字,但实有其人,即普鲁士国王菲特烈一世的妻子苏菲·夏洛蒂王后。夏洛蒂是一位有很高文化教养的贵族妇女,对哲学、历史、文学饶有兴趣,而且喜与当代杰出的名流学者会晤,谈文论道。传说莱布尼茨的"没有两片树叶是完全一样的"那句名言就是在王家花园里陪夏洛蒂王后散步时讲的。时在柏林的托兰德,作为已享誉欧洲的著名学者,自然也成为这位王后的座上宾。托兰德后以书信的形式将其与夏洛蒂讨论过的几个宗教神学和哲学的问题写成三篇文章,并与写给他人的两篇哲学通信结集出版,而总题其书曰:《给塞伦娜的信》。

《给塞伦娜的信》有一长篇序言,也是以书信的形式写的(写给一位伦敦的朋友)。托兰德在序中说明了他写这些书信的原由并概述了每封信的主题和内容。托兰德说,前三封信都是应塞伦娜

(即夏洛蒂王后)的要求而写的,主要是探讨和论述偏见的根源、灵魂不朽观念的历史和偶像或神灵崇拜的原因。据托兰德说,本来还有几封写给塞伦娜的信,但因尚未整理抄好,所以未收入这个书信集,而代之以另外两篇分别写给两位斯宾诺莎哲学信奉者的书信,一是评论斯宾诺莎哲学体系,一是专论物质能动性问题,而两信都是批评古今哲学家割裂物质和运动,否定物质具有能动性的观点。我们在下面就对这五篇书信略做简要的评介。

一、第一篇书信题为《偏见的起源和力量》。人们或以为此信只是泛论偏见问题,似非全书重点的篇章。但是,托兰德却告诉我们"给塞伦娜的第一封信是写给她的所有其它书信的一种序言(une espèce de préface)",甚至说"阅读此信可作为理解我的全部其他作品的一把钥匙(clef à tous mes autres ouvrages)"。[①] 所谓"偏见"(prejudice,或译成见),在托兰德那里,是指一切长久相传、广泛流行、影响深远的传统谬误观念和迷信思想。《给塞伦娜的信》中所论灵魂不朽、偶像崇拜、否定物质能动性等等,是"偏见",托氏其他著作,如《基督教并不神秘》、《泛神论要义》诸书所批评的种种谬见和迷信(无论是宗教的、哲学的,还是道德的、政治的),也都是"偏见"。纵观托兰德的全部学术活动和著作,我们可以说,揭露和批判"偏见"乃是其一以贯之的一条基线和主旨,而这正是他作为自由思想家的特质,而且代表了十八世纪启蒙时代的基本精神。

托兰德在第一封信中探讨偏见的根源,指出偏见并非人先天

① 托兰德 1709 年 12 月 28 日写给一位德国贵族朋友的信,转引自 Fromann 出版社 1964 年影印本《给塞伦娜的信》的编者序言。

具有的，而是由社会环境造成的。事实上，我们从出生之日起就生活在由无数因袭的偏见织成的包围圈中，从家庭到学校到社会无处无时不在向我们灌输这些偏见，“因此世界上一切地方的人都贪婪地吞食着他们从孩提时期就被教导要效法或尊重的东西”即这些偏见，“而且毫无根据地准备在年长时为这种东西的真理而死。”托兰德慨叹：“老实说，这不过是成为习惯的牺牲品。”偏见作为传统的观念是一种巨大的习惯的力量，具有至上的权威，用托兰德的话说，习惯是“最有力的主宰”，具有“不可抗拒的暴君的权威”，所有的人“无不受其统治”。在这种统治下，人不可能有任何独立思考的权利，不可能以“应有的悬置存疑精神”研究问题，在宗教信仰上，谁若对视若“神谕”和绝对真理的信条、教义有所“置疑或否定”，“这个人的日子就会很不好过，他即使不被处死，也会被流放，被剥夺工作，被罚款，或被开除教籍。”但是，压迫和迫害并不能阻止和消灭人们为摆脱偏见、为了从传统的谬误观念和迷信思想中解放出来而进行的斗争，托兰德大力赞扬那些“摆脱了偏见的人”敢于以“磨练发展自己的理性”作为“毕生致力的主要目标”。“他们不是像牛马牲畜那样被权威或情欲牵着走，而是作为一个自由而有理性的人为自己的行为立法自律。”这种坚持思想自由和理性批判的精神对18世纪英国的自由思想运动和欧洲，特别是法国的启蒙运动都有过极大的影响和推动作用。《给塞伦娜的信》在1786年法国启蒙运动高潮之际由百科全书派主将之一的霍尔巴赫亲自译为法文出版，畅行一时，就是证明。

二、第二篇书信题为《异教徒灵魂不朽观念的历史》。灵魂不朽是一个非常古老的、宗教的，也是哲学的观念。就其发生的历史而言，西方（希腊、罗马）晚于东方（埃及、波斯、印度），而且是从东方传入西方的。托兰德说，希腊最早的那些自然哲学家都是用物质及其运动“解释一切自然现象”，还不曾有关于一种独立于物质的“精神本质”即灵魂和灵魂不朽的观念，第一个将灵魂不朽说带给希腊人的是毕达哥拉斯，而毕达哥拉斯之接受这个观念是其在东方国家游历、学习期间由埃及祭司和波斯巫师传授的。

灵魂不朽观念是耶稣纪元之前的远古时期在东方异教国家、首先是埃及起源的。托兰德说，埃及异教徒们之有此信念，既非来自天启，更不可能得之于犹太先知（犹太人的宗教观念大大晚于其他东方民族）。那么，埃及人是怎样产生灵魂不朽观念的呢？托兰德的回答是：埃及人丧葬活动的方式和礼仪是引起灵魂不朽观念的原因。隆重举办葬礼是埃及社会的一个极重要的遍及民间的习俗，对人们的精神生活有巨大的影响。葬礼不仅是寄托人们对死者的哀思和缅怀，而且是为死者送别，送死者离别他曾生活过的这个尘世，远行到另一个世界（按照埃及人迷信的传说，是由冥河摆渡到彼岸的冥界）去过死后的生活，当然那不可能是已死的肉体的生命，而是一种被幻想为完全脱离了肉体的纯粹精神的灵魂的生命。从这里我们可以看到灵魂不朽观念的产生有其深刻的心理根源，即人们对生的欲望，对长生乃至永生的欲望，正如托兰德所说：“这个学说被人们普遍地欣然接受是毫不奇怪的，因为它使人们感到慰藉，觉得有希望得到他们所最想要的东西，即在死后继续生存下去，因为很少有人能忍受永远不再在某处活着这种想法……在那些不曾受过神圣启示的教化的民族那里，灵魂不朽说之被人们信奉，就是这种情形。”对灵魂不朽观念的这种心理根源的分析彻

底否定了它是什么神授天赐的神圣信条，所以在十八世纪启蒙学者中间得到广泛的认同，例如，霍尔巴赫在其名著《自然体系》(1777)的“论灵魂不死”一章中说：“灵魂不朽是一种纯粹的幻想”，是从人们永保其生命的欲求中产生出来的，“因为自然使所有的人都知道要热爱生存，而热爱生存的必然结果则是希望永远保持生存；这种欲望很快就变成一种信念，而且由自然启发给人的这种对永远生存的欲望就成为人永远不会停止生存的证明。”①

三、第三篇书信题为《偶像崇拜的起源和异教产生的原因》。托兰德这里所说的“异教”是指基督教产生之前在古代东方国家和希腊、罗马时代民间流行的许多宗教观念。那些宗教还没有形成像基督教的“上帝”那样的一神教的信仰，而是相信多神的存在(有各种形态、各种特性、各种职能、各种威力的神，而且神各有其疆域，他们都是某个部落、某个地区、某个民族的神)，这种多神教的信仰被基督徒们贬斥为一种“偶像崇拜”，而“偶像崇拜”则常常被用做“异教”的同义语或代名词。② 因此要探讨异教产生的原因就要追溯偶像崇拜的起源。

托兰德认为，“一切迷信最初都与对死者的崇拜有关，主要源自丧葬仪式”。前信所述灵魂不朽观念是如此，偶像崇拜的迷信也是如此。一般丧葬仪式都既是为了纪念死者，也是对死者的尊崇和赞颂。然而对帝王将相、英雄伟人的丧葬仪式则把这种纪念、尊

① 《自然体系》，俄译本，莫斯科国家出版社 1924 年版，第 196，195 页。(参阅该书中译本，商务印书馆 1964 年版，上卷，第 225，223～224 页。)

② 托兰德说，异教徒“这个名称乃专指那些相信多神的偶像崇拜者”(《给塞伦娜的信》第三封信第 18 节)。

崇和赞颂推到极致，变成一种“特殊的宗教礼拜”，而将这些被视为对民族、对民众有巨大贡献和不朽功绩的杰出的死者变成人们顶礼膜拜的偶像，化为超凡入圣的神。正如托兰德引用的古罗马作家普林尼所说：“人们对自己的恩人表示感谢的最古老的方式是在其死后将他们神化(deifying)。”托兰德认为，人们对于死者的这种谬误的观念就是异教徒偶像崇拜的“首要的、最自然、最普通而且也是引起所有其他迷信的原因”。

托兰德援引大量的历史资料和古代作家的著作论述异教徒通过对死者的丧葬仪式，而将人偶像化(idolization)和神化(deification)的过程，从而深刻地指出，不是神创造了人，而是人创造了神，是人“造神(god-making)”。神不是什么超人、超自然的存在，而是被神化了的人，被幻化、超升为神的人。事实上，所有的神都是按照人的形象塑造的，“神有尘世的原型”，神在天上的生活情景有些虽属“诗意的和神话式的”虚构，但多是从人在“尘世生活的真实历史中假借来的”，例如，神不仅具有人形，具有人的思想、意志、情欲，并且像人一样做出种种的行为；神也像人一样有高低不同的等级，有君臣、官民、主奴之分；如是等等，足以证明神的世界、天上的王国不过是人的世界、地上的王国的翻版或移植，正如西塞罗所说：“难道天堂里不满都是人类吗？如果我要费力研究一下古人，就会发现那些所谓主要的神都是从地上移到天上去的。”在托兰德那里，对异教的研究，从历史发生学的角度看，是从人到神，是人的“神化”的过程，反过来说，从对异教作为宗教的本质的分析来看，则是从神到人，是神的“人化”的过程。用罗马作家普卢塔克的话说，这种研究是“把神人化(humanize)”，托兰德解释说，这“不是把神变成人，而是把神还原为人，如其本来的样子。”有的学者认为，托兰德的这个观点接近于或者说“预示”了后来费尔巴哈关于神的本质、宗教的本质即是人的本质的人本学思想。① 不过，我们必须指出，托兰德把神还原为人的这种人本学（如果可以这样说的话）的宗教分析和批判仅限于异教，而未扩及于基督教。在《给塞伦娜的信》中他仍然保持着《基督教并不神秘》一书的自然神论立场，仍然相信基督教是要“改善我们的道德”、“破除一切迷信的想法和做法”的，而且能“给我们以关于神的正确观念”，也就是说他仍然相信基督教的上帝之为超人超自然的神圣存在的观念，因此在这部著作中他没有也不可能对基督教的神的观念做人本学的分析，不可能把上帝还原为人而加以否定。

托兰德对于异教起源的探讨和分析还深入到对其社会政治作用的揭示和批判。他说，古代东方国家和古希腊罗马的异教崇拜的诸神其实就是被神化了的尘世的统治者群体。例如，罗马帝国时代，从专制暴君罗马皇帝到“王后嫔妃、皇亲国戚、宠嬖侍臣，都被神化了”。这种神化，这种宗教崇拜，乃是维持和巩固其反动统治的一种“手段”，“这些帝王们就是靠这种手段使其臣民永世受其奴役，而不敢对这些神们或者说被选定成神的人们造反”，“永葆其万世一系的统治”。托兰德还指出，近代基督教国家的君主也学习异教帝王的榜样，极力将其统治权力神化，“自诩有神授之权”，而教士僧侣们则宣扬君主对人民有绝对权力，“妄称臣民对国王应无

① 参阅德波林：《约翰·托兰德》，载《17～18世纪唯物主义史纲》，苏联国家出版社1929年版。

条件地绝对服从”。托兰德在这里无情地揭露了宗教迷信和谬见与反动政治统治的密切联系，把宗教批判提升为现实的政治批判。这也是托兰德高于同时代的英国其他自由思想家的地方。

四、第四篇书信是写给荷兰的一位斯宾诺莎主义者，批评斯宾诺莎哲学的，托兰德自称此信为《驳斯宾诺莎》。托兰德认为，斯宾诺莎的哲学体系“缺乏任何原理或根据”，主要是指斯宾诺莎哲学缺乏正确的运动理论，没有正确说明物质和运动的关系，没有正确说明运动的本质和根源。在他看来，这个问题是如此重要，斯宾诺莎既然“没有解释运动究为何物”，他的体系就是“完全站不住脚”，甚至“不成其为哲学的”。

关于物质和运动的问题是一个非常古老的问题，尤其是运动的根源问题：运动是物质自身固有的，还是某种非物质、超物质的力量（精神、心灵、上帝）外加于物质的？是远自古希腊直至近代哲学家们在不断讨论、争论而始终不曾得到正确解决的一个焦点问题。托兰德说，最早的希腊哲学家对运动的看法，我们已不确切知道。但是自从阿那克萨戈拉提出世界万物都是由 Nous（理性、心灵）所推动、支配、安排的以后，“大多数的哲学家”都“认为物质本身是没有能动性的，是一堆滞钝浊重的东西，是被认为与物质截然有别的神以一种人类无法理解的方式将运动传递给了它”。中世纪的神学家们是这样，近代作为托兰德的直接哲学先辈的许多大哲学家和大科学家亦莫不如是（在此信和后面第五封信中他提到和批评的有笛卡尔、牛顿、洛克等人）。

对于斯宾诺莎，托兰德虽然批评甚烈，但是他又不失公允地指出，斯宾诺莎在整体宇宙观上大不同于上面这种将世界的存在和运动皆归源于外因、诉之于上帝的传统的流行的观点，“与此相反，斯宾诺莎不承认有任何离开宇宙实体或有别于宇宙实体的存在，即使宇宙自身没有运动，他也不承认有任何存在赋予它以运动，有任何存在使它继续或保持运动”，“他不愿承认有一个统驭万有的上帝作为宇宙的推动力，”“他是不承认有任何外因的”。斯宾诺莎否定了笛卡儿的二元论，认为只有一个实体，这个唯一的实体就是上帝，但上帝不是超越宇宙的神，而是内在于宇宙的泛神论的神，作为唯一实体的上帝即是宇宙，即是自然，上帝或宇宙是“凭借自身的原因”，这就是他著名的“实体自因（causa sui）”说。实体自因说对十八世纪英、法唯物主义的发展有过重大的影响，如恩格斯所说，斯宾诺莎“坚持从世界本身说明世界”，这是“当时哲学的最高光荣”。[①]事实上托兰德自己在后期著作《泛神论要义》中讲上帝和宇宙同一、将上帝或宇宙看做宇宙万物自身的原因，固然主要是承袭了文艺复兴时期布鲁诺的泛神论思想，但也不无斯宾诺莎的影响。[②]

尽管如此，托兰德仍然尖锐地指出了斯宾诺莎哲学有其严重的缺陷或谬误。斯宾诺莎宣称实体是自身原因，但是并不承认运动是实体的本质属性，并未指出宇宙万物运动的根源究竟何在。他认为实体作为物质性的存在，其本质的属性是广延，运动则是广延属性的“样态”，是宇宙万物可有可无、或有或无的“偶性”。如托兰德所说，斯宾诺莎断言“运动不可能是实体的属性”，“在他的全

① 《自然辩证法》，中译本，人民出版社1955年版第8页。

② 参阅拙文《〈泛神论要义〉中译本序》，载《泛神论要义》，商务印书馆 1997 年版。

部著作中没有一处是支持运动为实体属性这个意见的”。

托兰德认为,斯宾诺莎以及其他许多哲学家之所以割裂了物质和运动,就是因为他们把广延看做物质的最主要最基本的规定,而“仅仅广延这个观念并不包含任何殊异变化也不包含任何变化的原因”。所以当他们从广延的角度去看运动时,他们只能将运动理解为一种空间上位置的移动,他们会定义说:“运动就是一个物体从相邻的其他物体移开”,而按照十七、十八世纪力学的机械论的观点,一切空间的位移都是而且只能是由外力推动的。要打破这种机械论的外因论,必须否定把一切运动都归结为位置移动的流行观念。托兰德认为,空间的位移不过是物质运动的一种特定的形式,其真正的动因在于物质普遍具有的内在的“能动性”。他说:“我们必须把位置的移动同推动力或能动性区别开来”,位置移动作为一种地点的改变,“正如自然中所有其他的变化一样”,都是物质固有的内在的能动性的一个“结果”。都是“能动性的一些变化不同的规定”,而能动性则“永恒存在于物质全体及其每一部分之中,没有能动性则整个物质就不可能有任何样态的变化。”总之,“不承认物质的能动性,就不可能说明自然界发生的任何变化”。能动性是物质本质固有的,抛开能动性,不可能正确认识物质,也不可能正确定义物质,不可能有一个真实的完满的物质概念。

在第四封信中,托兰德对斯宾诺莎哲学的另一重要批评是关于物质和思维或精神的关系问题(在后面第五封信中也有论及)。斯宾诺莎认为,思维像广延一样是实体的最基本的属性。在托兰德看来,这无异于承认“物质的每一部分、每一分子都时时在思维”,这种观点与托氏在第五封信中批判的那种“妄称万物皆有生命”的古今各派物活论或万物有灵论者的说法是一致的，都是“谬误”“荒诞”的，“因为认为物质永在思维是违反理性和经验的”。事实上，思维或精神绝非物质普遍具有的属性，而仅仅是某种特定的物质体——大脑才具有的机能。托兰德说：“在动物身上，不论思维的基源究为何物，除了凭借大脑它是不能思维的。……我们发现我们自己是在大脑中思维，而且仅仅在大脑中思维的，凡是缺乏大脑之物我们就看不到有任何思维的迹象，而凡是长有大脑的生物，其活动则似乎都显示有某种程度的思维。”托兰德后来在《泛神论要义》一书中继续发挥了这个观点，认为“大脑是思维这种能力的专门器官”，“思维是大脑的一种特殊的运动”。但是，很遗憾，托兰德在该书中并没有将这个唯物主义的观点贯彻到底，却不顾自相矛盾，转而接受了他早已批判和否定了的物活论的观点，主张“地球上的一切东西都是有机物”，都赋有“灵魂”和“生命”。[①] 这不能不说是其思想的一个倒退。

五、第五封信是全书中篇幅最长的一封信，继第四封信之后更深入更详细地讨论了物质的能动性问题，并以此为中心比较全面地阐述了托兰德的物质概念和整个唯物主义宇宙观（物质的运动、空间、坚固性、多样性、无限性等等）。

托兰德认为，迄今为止，哲学家们都只是给出了片面的物质定义，例如笛卡尔、斯宾诺莎仅用广延性定义物质，洛克仅用坚固性定义物质，“那只是给物质下了一半的定义，甚至只下了三分之一的定义”，但是，要获得一个完全的确切的物质定义，就必须将能动

① 参阅同上文。

性与广延性、坚固性一起纳入物质定义，托兰德说："我并不想说除了广延性、坚固性和能动性三者之外，物质没有任何其它的本质属性，但是我相信把这三种属性联系起来做适当的考察可比过去更好地说明无数的物质现象。"这三种属性密不可分，而能动性则居于核心地位。广延性即空间是万物的位置、距离的"基质和尺度"；坚固性是"每个物体抗拒任何其他物体进入其所占位置的阻力"，从而使其成为互相有别的各个特定的物体。然而，能动性则是物质中发生的这一切的力、位置变化和事物多样性的"直接原因"。

托兰德说，能动性是"物质的自然的、本质的、内在的和必然的"属性，因此，"自然界的全部物质、物质的每个部分从来都是在运动着的，也不可能不是在运动着的"，不过各类物质事物由于"互相作用的方式不同"而使其"各自的运动极其殊异多样"。从事物的简单的位移、量的增减到事物的生灭、质变、转化、过渡等等，都是物质运动的各种形式、形态，即使通常所见的静止的力学现象也是运动的一种特殊状态，"也只是物体运动的一定规定性"，"是一种相对的休止"，"决不是物体间的一种绝对的无能动性"。

从物质具有内在的、本质的能动性这个基本命题出发，托兰德为我们描绘了一幅宇宙万物相互依存、普遍联系、永恒运动、生灭变化的辩证图景。"宇宙的物质虽然是到处相同的，但是人们认为物质按其不同的样态而分为无数特殊的系统，这些系统复又分为其他一些或大或小的系统，这些其他系统在其中心、结构、组织和联系上是相互依赖的，正如它们每一个又都依赖于整体一样。"例如，太阳是一个大的系统的中心，这个系统又包含很多较小的系统即围绕太阳运动的一切行星，这些较小的系统又分为更小的系统，如绕地球旋转的月球，绕木星旋转的卫星，地球又分为大气层、陆地、水和其他部分，这些又分为人、鸟、兽、树、草、鱼、虫、石头、金属以及其他千百种事物。“由于所有这一切事物都是在一个连锁中互相依赖的，所以它们的物质是彼此相互转化的”，“物质的任何部分都不拘于任何一种形式，它们不断地丧失和改变自己的形式”，此事物的产生就是另一事物的消灭，就是另一事物之转化为此一事物，“宇宙的一切部分都处于这种毁灭与产生、产生与毁灭的经常不断的运动之中。较大的系统正如最小的微粒一样，有其不停的运动”。例如，“地球的表面每时每刻都展现出这些变化，没有任何东西会持续一个小时同一不变”，又如，人的身体“今日与昨日不完全相同，明日也不会继续相同，就如一条河，其生命就在不断之流中，就在我们的身体系统在死亡时完全分解而立地变成成千种其他事物的部分”。

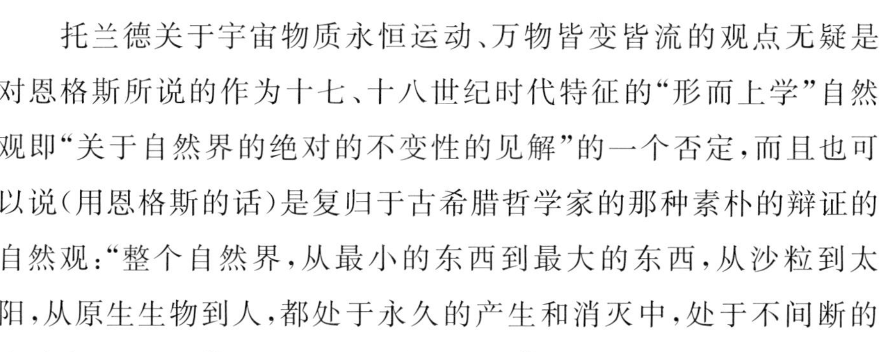

托兰德关于宇宙物质永恒运动、万物皆变皆流的观点无疑是对恩格斯所说的作为十七、十八世纪时代特征的“形而上学”自然观即“关于自然界的绝对的不变性的见解”的一个否定，而且也可以说（用恩格斯的话）是复归于古希腊哲学家的那种素朴的辩证的自然观：“整个自然界，从最小的东西到最大的东西，从沙粒到太阳，从原生生物到人，都处于永久的产生和消灭中，处于不间断的流动中，处于不休止的运动和变化中。”[①]

① 《自然辩证法》，人民出版社 1955 年版，第 7、13 页。恩格斯认为，在形而上学自然观上打开“第一个缺口”的是十八世纪下半叶德国哲学家康德关于天体（地球和整个太阳系）形成的“星云假说”（《自然辩证法》第 9 页）。但是如上所见，早在十八世纪之初，托兰德提出的辩证的宇宙概念已经给了形而上学自然观有力的一击。

与物质运动问题密切相联系，托兰德在第五封信中也着力阐述了物质与空间的问题。托兰德反复强调物质与空间是不可分离的，物质的宇宙是“广大无边的”，我们说“空间无所不包”，就是“指无限的物质”，因为“无限的物质既是其自身各个部分和特殊形态的真正的基质，也是真正的空间和场所”。托兰德坚决反对把物质和空间割裂开来，坚决反对某些“功高德重，大名鼎鼎的人物”如牛顿、洛克等人“承认有一个无限的、广延的，然而非物质性的空间的观点”，即所谓“绝对空间”或“虚空空间”的学说。

托兰德认为，牛顿等人之所以承认有绝对虚空的空间，根本原因在于否认物质具有内在能动性和无限性。“根据哲学家的理由主张物质有限的那些人，把物质想象为没有能动性的”，“这就必然使他们一方面设想物质的有限的广延，同时又承认有另外一种（非物质的）无限的广延”亦即“一种虚空的空间”，他们认为唯其如此才能为只有“通过一种外在的作用力迫使它运动”（空间的位置移动）的“惰性的物质提供一个活动的地盘”。托兰德说，既然物质“不是无能动性的”，无需外力的推动，那么这种虚空的空间“就是无用的和虚构的东西”。

托兰德还从认识根源上深刻地揭示了绝对空间概念的形成是一种谬误的抽象的结果。人们把物质的广延性这个特性从物质中抽象出来，把这种特性与物质本身及其他一切物质特性完全割裂开来，“当作实在的东西”，“赋予它以独立于其所由之抽象的那个基质的存在”，这个独立自在的广延性就是所谓的“绝对空间”。托兰德说，抽象是人们经常进行的认识活动，事实上事物的“每一特性都可能而且确实被单独抽取出来而完全不考虑其它特性”，这种抽象活动在数学上有特别重要的作用，例如数学上的点、线、面的抽象概念是不可或缺的，但是，这些抽象概念往往被人们“非常谬误地加以应用”，“被当作实在的东西”，例如“数学的线、面、点曾被认为是(可以脱离物体的)实在的存在”。这就把科学的抽象引向谬误了。“绝对空间”的概念也是对抽象的这种谬误应用的一个最突出的例子，用托兰德的话说，“没有一个词比空间这个词被更多地滥用了”。

最后，我们要略谈一下托兰德在《给塞伦娜的信》中关于上帝的观念：他是否已超越了早年《基督教并不神秘》中的自然神论立场而完全转向无神论？经过反复阅读《给塞伦娜的信》，我们得出的结论是否定的。诚然，托兰德关于物质有无限性和能动性的宇宙观按其逻辑的推论似可导致无神论的结果。但是，托兰德在该书中并没有“逻辑地”阐发他的思想，而是把承认上帝存在、上帝创造世界这个宗教信条与宇宙无限、物质能动的哲学真理奇特地结合在一起了。他批评那种认为“承认了物质的能动性，似乎就无须有一种最高的智慧”的观点，说“上帝有能力把物质创造成既是广延的又是能动的，他能赋予物质这一种属性必能赋予它另一种属性，……而且难道上帝不必然永远或总是指挥着物质的运动吗?”他又说：“至于物质的无限性，它所排斥的只是一切明白事理、思想健全的人都一定要加以排斥的东西，即一个有广延有形体的上帝，但它并不否定有一个纯粹的精神或非物质的存在。”由此可见，托兰德此时并没有完全达到无神论的高度，尽管他的唯物主义学说

对无神论思想的发展起过巨大的推动作用。[1]

这个译本是根据弗洛曼出版社(Friedrich Fromman Verlag)1964年影印的约翰·托兰德的 *Letters to Serena*(伦敦1704年版)翻译的,若干地方参阅或采用了苏联社会经济文献出版社出版的《托兰德选集》(莫斯科1967年版)的俄文译文。

责任编辑关群德对译文做了极细致的校对工作,对拙译中若干地方做了修正,在此谨致深切的谢意。

陈启伟

2008—9—17

① 参阅同上文。

目　　录

前　言

此系给一位伦敦绅士的信，与后面几篇论文一起寄出，信中说明了写作这些论文的一些原因

1. 先生，您在您的每封来信中都向我暗示，考虑到我目前的处境和社交往来，我必须把我结交的人以及我自己的著作（这些您虽不完全赞成，但还是好意地尽力宽宥的）统统忘掉。至于说我们没有按时经常通信，我想您从我上次的信中已经得到了满意的回答，对此我没有什么更多的话要说了。因此，在现在这封信中，我不谈此间的社会新闻或隐秘逸事，而是要向您讲一下我自己的研究工作。我愿意承认，这是我所能谈论的最枯燥乏味的题目之一，不过对此您只能抱怨您自己，因而希望您对我的这个选择予以宽恕。而且，首先我不能不坦率地说，您对这个国家的态度是极不公正的，您把浓雾的天空比之为模糊的理智、迟缓的运动比之为呆滞的观念、广漠的荒野沼泽比之为漫无条理的想象或杂乱无章的陈词滥调，是毫无根据的；对您的这种偏颇的看法，无须提出任何别的责难，我只是要提醒您想一想这个国家各个时代在战争与和平、文学与艺术方面产生的那些伟大人物的名字，今天他们使这个国

家荣耀生辉，而且如果您不是为自己的同胞而感到过分自负，如果您对异国人士更尊重一些，您本来会在伦敦同他们许多人晤谈甚欢的。虽然大多数外国人有太多的理由抱怨他们在英国时常遇到的那种冷漠无情和怠慢无礼，而且这种冷遇极经常地来自他们曾以最诚恳友好的态度相待的那些人。

2. 我眼下正在此逗留的这个城市似乎是一个讲究礼貌而且有豪侠之风的大都会。作为政府的所在地，你可以确信最精华的才智之士、最光彩照人的美女和最辉煌灿烂的各种设施都在这儿崭露头角；此外你还可以看到经常有许多外国人汇集于此，他们在本国都是第一流的著名人物，求知欲促使他们出来观光异国的人物风尚，而万贯赀财则使他们能果于行。他们虽然拥有丰富的真实有用的知识，然而我要向您承认，在他们那里却看不到这个谬误的世界轻易地尊以学术之美名的东西；他们虽然藏有各种各样极好的书籍，然而咬文嚼字死扣书本的学究在他们那里却是一类最受蔑视的动物。从表面来看，这里不过是青春美好的人们不断演出爱与欢乐的喜剧的舞台，无论政界还是实业界的人士都只是予以适当的调节，而绝不加以阻挠。一个来去匆匆的过客，或者一个未能深入了解社会各界的人，是看不到比外在现象更多的东西的；他对异国所知道的东西远不若他在本国所知道的东西多，因而他会给他的朋友一个错误的报道。但是，请相信我，先生，我在任何地方都没有见过在私人图书馆中汇集了如此卷帙浩繁的精心选择的书籍，没有见过对历史过程和自然奥秘的如此自由不羁的探求者，总之，我在任何地方都没有见过有任何人更懂得以研究为谈助的技巧，更善于以其博览群书而用之于练达世事的实际目的，他们

有学问而无学究气，有教养而非徒尚礼仪。

3. 如果在这样一个地方我竟抛开了您知道我多么喜爱而且在一切消闲时光都不曾荒废而力求精进的那些研究，您可以想象那一定是我自己的过错。我肯定地对您说，只要我健康而自由，就没有任何事情能阻止我去阅读好书，我相信唯有在那里才能找到完满的快乐。因为我虽然喜爱人自然欲求的许多其他的快乐，虽然耽于一切合法的享受而不过分，但是我不能不同意普通经验的看法，即在任何一种乐趣中总是混合着痛苦，无论是在期望、欢乐中还是在其后果上都包含着痛苦。然而，阅读一本饶有兴味的书时，读者所感受到的却是一种不杂有任何烦扰的绝对的满足，不萦怀于往事，不忧心于未来，而完全沉浸于当前的幸福。因此我能够并且愿意继续进行我先前的研究，利用一切机会去增长知识，这是美化和完善我们自然本性的东西。但是如果我在如此有利的情况下只取得了很小的进步，那么您不要以为这是由于我缺乏这种意向，而应当归咎于我的能力有所不逮。

4. 虽然我并不像有些人所想象或所说的那样忙，但是一到此间我就决定让自己只读书和与人交谈，而无意写一封日常的书信。但是由于一位我无力拒绝的通信者屡次三番的要求，我很快就不得不改变初衷。此人居于海的此岸，但不在这个城市；而更会触犯您的偏见的是，此人是一位美丽的女士，她很乐于向我询问有关我随信附上的前三篇论文的一些问题的看法，我把它们寄给您以使您相信我远不是像您想象的那样优游岁月，无所事事。她是一位显贵人物的夫人，这是我现在能够告诉您的有关这位女士其人的一切。

5. 我现在真正了解了您心中最隐秘的思想，就仿佛已掌握了您的心灵的全部重力和动机，掌握了您的大脑的真正结构。您大概还记得，我常常总是站在女性一边反对您对她们的偏见。我诚然自知自己的事业之正当，但是，毫不夸张地说，我可为一个更错误的论点辩护，以反对从您的伙伴们习常的谈话中取来的那些论证，这些论证源自妇女的糟糕的普通教育，或者说来于您恰好在那里最初被教养起来的地方的那些出名的太太小姐们，无论此前此后，您的知交密友就是这些人，而不是任何具有更高尚品格的女士。我不是经常不能不向您说那些缺乏社交和文化教养的男士们是一群多么粗野、无礼、无知和鲁莽的怪物吗？而这些田野鄙夫的妻女一般地倒比他们更灵活机智，更有礼貌和更聪明！关于妇女们之被排斥不能接受文化教育，是陈规旧俗造成的结果，还是出于男人们处心积虑的计谋，不是我要探讨的问题。但是如果一个妇女曾经恰好潜心读书并因此而变得烦闷无聊、矫揉造作或滑稽可笑（尽管这种情形只是千里挑一），那么我们对此会掀起怎样一场大吵大嚷，会如何做好准备利用这一点去贬低妇女的天赋，又会以何等胜利者的口吻宣布我们男子的理智能力之优越啊！但是，天晓得，说这种话有什么用呢，它最多只能说明那些男人的傲慢、自负和迂腐，他们不过是一帮浅学之徒，粗读了几本书，是为某些作家、某些书刊鼓吹的忠实喉舌，是生僻诡异的字词和晦涩难解的妙语的搜集者，热衷于追索的纯粹经院派学究，因而是一群十足的蠢驴。我无意重述我已向您说明的东西（我认为花力气去说明是值得的），即男女两性的理智器官是相同的，因此，如果女性与男性一样有受教育、出外旅行、交友结伴和经营管理的平等机会，让她们与男人一样参与日常事务的交往（这是任何人都不能反对的），就会使她们在一切方面同样能够获得完善。

6. 在经验足以表达我的立场的地方，我也许无须费力诉诸理性的论证。您大概不会忘记，我曾为您的私人藏书推荐过的一整套书籍吧，那些书中包括古往今来若干妇女的生平传记，由于她们在哲学、神学、道德、历史、诗歌和散文方面的美妙的作品，由于她们在绘画、音乐和其他各种科学技术方面备受赞许的技巧，由于她们善于指挥困难重重的战争、治理国家大事，还是治家理财的能手，因而在其生活的时代，她们就已著名于世，而且她们的英名应当传之后世，垂诸史册。第欧根尼·拉尔修的古代哲学家思想和生平史就是献给一位女士的，因此我们当可推想，这位女士是通晓古代的各种哲学体系的，而这些体系中许多是极其复杂而深奥难解的，尤其是她所喜爱的那些体系，即柏拉图和伊壁鸠鲁哲学。梅纳热先生写过整整一本书论述女哲学家，是题献给一位今犹健在的妇女的，即大语言学家塔那基尔·法贝尔之女、大名鼎鼎的达西耶夫人。整个学术界对她的卓越的著作都给以了应有的崇高评价，任何人都不怀疑，她是当代研究希腊罗马作家的最优秀的评论家之一，法国国王奖赐给她一笔巨额的津贴，就是一个证明，这当然远不是一个充分的证明，因为也有其他的人从国王那里领取高薪。我可就个人所知现居于欧洲各地的如此杰出的女性给您写一卷书，而无须举出已逝的古代意大利毕达戈拉斯派的女徒们为例。在英国尽管这样杰出的妇女极为少见，但是您还是可以遇见一位女士，我个人与她并不相识，但她是精通最抽象的形而上学思辨的道地的名家，曾以一种洒脱的风格和从容的论证批驳一位很有声

望的神学家[①]攻击洛克的信，为洛克的《人类理智论》进行辩护。她的著作题为《为洛克先生著〈人类理智论〉辩护，对某些评论的回答》。

7. 关于妇女贤明治国和英勇作战的事迹，我无须远溯巴比伦的塞米拉密斯[②]，锡西厄的陶米雷斯[③]，古不列颠的博阿狄凯亚[④]，或帕尔米拉的芝诺比亚[⑤]。西班牙属尼德兰的著名女摄政王马格丽特[⑥]，您觉得如何？我知道您非常喜欢阅读我们最博学的语言学家伊丽莎白女王[⑦]的值得称道的编年史，她不是很善于选用一些无与伦比的枢密顾问官而予以驱策指挥吗？在执政之初，她不是聪明地给予天主教徒们一些恩惠以争取他们的支持，使得她后来能够比较平稳地在一个不可动摇的基础上奠定了新教吗？因此在很短的时间内她就变成了敌人为之震恐、臣民衷心爱戴的君主，她赢得了盟友的支持和全欧洲的仰慕和赞美，从那以后她的英名更为寰宇同颂。当今安娜女王在位，以伊丽莎白为楷模，亦充分显示了一位女性是可以大有作为的。她在其统治的疆域之内实行普通司法制度，保持最强大的海上舰队和庞大的陆军，领导着由许多

---

① 指伍斯特的主教斯蒂林弗利特。——译注

② Semiramis，古代传说中的亚述女王，聪明美丽，为巴比伦的创立者。——译注

③ Thomyris，伊朗一部族的女首领，曾领导与波斯王基罗的战争。——译注

④ Boadicea，古不列颠锡西厄的王后，曾领导反罗马人的起义。——译注

⑤ Zenobia，罗马属下帕尔米拉女王，曾侵入埃及和小亚细亚，宣布脱离罗马而独立。——译注

⑥ Margaret，西班牙属尼德兰的女总督(1480～1530)。——译注

⑦ Elizabeth，英国女王伊丽莎白一世(1533～1603)恢复英国国教，击败西班牙建立英国海上霸权。——译注

不同民族、不同派别组成的大联盟抗击法兰西的暴虐统治，为在德国、弗兰德、西班牙和印度进行的战争提供充足的军需供应，在这些方面她丝毫不让于任何一位男性君主。而且她还担负着看来更为严重艰难的任务，对国内互相争斗不已的各个党派加以制衡，使之不能随其反常的癖性互相倾轧、势灭对方而后已。就连那些否定她的王位合法而拥戴她的兄弟僭位的那些人都承认，她在防止他们的邪恶阴谋上虽极精明，但在对待他们个人上还是很仁慈宽大的。事实充分证明，她绝不为来自各个角落的盲从者的叫嚣所左右，因为她知道他们是挑动社会动乱的永不安分的狂热分子，是妨害社会安宁的扰乱分子。他们伪称对宗教具有比别人更大的热诚，实则不过是为了把他们自己选中的人推上台，以达到自己的目的，虽然伪装成为了推进上帝的事业和为了教会。尽管如此，安娜女王还是宽宏大量地尽力安抚和满足各种各样的人的心愿，即使对最无理的要求也不置诸不问。她的这种超乎寻常的善意（最初并不为人们完全理解）确实曾使心怀恶意的敌对党派感到鼓舞而忙不迭地暴露了他们妄图复仇、任意横行的心志，同时也在自由之友方面引起了一些温和的小声的抱怨，因为他们为女王陛下的安全和国家的巩固担忧。但是她的敌人伤心失望了，她的忠心尽职的臣民则很快感到安心了。当她在国会开幕式上发表演说，使全世界（尤其在我们这里）都清楚地看到，她不仅按照英国现行的法律统治着教会和国家，而且坚定地沿着新教的路线维护王位的继承，对所有不信国教的新教徒采取完全而公正的宽容态度。这些足以充分表明一个妇女凭着自己的才干能够达到何等伟大的成就，况且她还处于这样一个不利的条件下，即她是作为像威廉国

王[1]这样伟大人物的继承者登上王位的。如果您，先生，还要我再举一个例子以使您忠心折服于女性的才能，那么我就要指出我们王位的预定继承人、索菲亚公主殿下。由于精通多种语言，有广博的历史知识，对国家事务深具卓见，对宗教和哲学上最重要的争论有精湛的理解，她在欧洲广大学术界人士中备受称赞。如果在我提出这些理由和例证之后，您仍然没有真诚地改变自己的看法，那么您不仅要被宣布为一个顽固的异端分子，而且要受到女士们的蔑视，这正是对您轻视妇女的罪过的恰当的惩罚。

8. 但是不论您对这个问题如何继续坚持自己的看法，我特为寄上的这几篇论文[2]，其长短与数量足以对您有关我在此间的日常工作所写的一切做出回答。这些论文大都是应一位女士之邀写的，这位女士既不缺乏质疑问难的求知欲，也不缺乏把握这些论文内容的能力。她不懂得任何古代的语言，但是她非常了解权威的重要，而且不相信任何没有权威证明的事实。但是为了您本人，也为了使您偶尔会把这些信向其展示的那些人（您可以自便向随意多的人展示它们）不致心有疑虑，我把所有引语的原文都附在页边，不过在我给这位女士的论文中，则将引语一律译出以与其他文字相一致。这是古人写作使用的值得称赞的方法，然而近代作家却将引语照原文塞进文中，把读者弄得糊里糊涂。从来无人断言，一个受过教育的罗马妇女不能读西塞罗的《论人的义务》或他的对话录《论占卜》；就因为他巧妙地把引自希腊作家的许多文字穿插

① 指 1688 年“光荣革命”后被拥为英国国王的威廉三世（奥伦治）。

② 指下面的五封信。——译注

进自己的著作之中。反之，世上没有任何一个女人（也没有一个男人）不饱尝心烦神疲之苦就能读懂塞尔顿和萨尔马修斯的作品，即使他们的作品是以通俗的语言写作的，也不能不如此。说什么在论证中不应援引权威典籍来为难妇女，这不仅是说她们是缺乏理性能力的生物，而且是说在宗教上也绝不可对她引用圣经，因为男人们不会允许她们学希伯来文，而且她们自己也不愿意让这样一种生硬刺耳的语言来糟践自己的温柔悦耳的发音。

9. 您可以相信，先生，我的通信人是您所知道的最富求知欲的人士之一，具有渊博的知识。她遍读以现代语言写作的所有值得用心一读的作品，至于古代作家原著的最佳译本就不用说了。毫无疑问，您会容许一位女士去赞赏那些久已逝去的往昔作家的作品，只要她也尊重在活着的作家中值得尊重的年轻一代的作品。有些人可能以为塞伦娜是一个想象的人物，但是我要特别让您确信，她是一个完全真实的人物。我反复地讲这一点，是因为我既然经常劝您结婚，就要促使您对妇女有一种较好的看法，而且也是希望一旦您有了女儿，就要给她们一种可为他人表率的教育，因为一位富有、出身名门、享有盛誉的人物的行事作为往往有深远的影响，乃至改革整个国家。至于其他人，如果他们仍然认为塞伦娜是一个传奇小说里的名字，就像封登奈尔先生的《世界的多样性》一书中的那位侯爵夫人那样的虚构人物，那也无所谓，因为无论如何他们会公正地承认，即使我是根据自己的想象虚构了一个妇女形象，那么她跟那些虚荣、轻浮、装模作样、说长道短、华而不实的女人是完全不同的两回事。那些女人是庸俗而可鄙的，她们自己是徒有其表，而且也只以貌取人。她们对一切优良的品质毫无所知，她们缺乏真正的高尚德行，只会及时消遣作乐，而不追求人生最基本的乐趣和紧密的社会交谊。这不仅是对那些妇女的批评，也是对一般男子的责斥，他们的纨袴习气、怪异不凡、傲慢自得、浑噩无知和纵欲无度，至少与那些妇女是半斤八两，一丘之貉。我这些想法不应更加重您对妇女的反感，而是要使您更加谨慎小心，因为您既不属于上述那类男子，您理所当然地会在妇女中间找到自己期望的伴侣。

10. 关于妇女的话题就谈到这里。现在我需为您附寄的这几封信提供点参考材料，把我写这些信的原由告诉您。第一封信的题目是《偏见的起源和力量》，是研究偏见产生的道德原因，而非其生理的原因。写作的起因是我给塞伦娜看的西塞罗下面的这一段话："无论是父母、奶妈还是老师，也无论是诗人还是剧院，都不能破坏我们的官能，一大群人众口一词也不能误导我们的官能，但是我们的理智却可以被人们设置的种种圈套所诱惑，设局骗人者或者是我刚刚提到的那些人，他们欺我们软弱无知，任意腐蚀我们，使我们顺从他们；他们或者利用深深植根于我们每一官能中的追欢逐乐之心诱我们堕落，这种对欢乐的欲求伪做向善之举，实为万恶之母。因而我们已不能完全辨识哪些事物本性是善的，因为这些事物不那么甜美宜人，不能使人兴奋。"①

塞伦娜一面赞美西塞罗的这些话讲得极精辟有力而又自然流畅，一面对我承认说，她虽已看到许多偏见确乎如此，但是仍不能使自己摆脱它们的影响而经常会重复这些偏见。因此她要我把我

① 西塞罗：《论法律》，第1卷。

对这个问题的看法写给她，于是我就以上面所引的这段话作为讨论的题目给她做了尽可能简短的回答。我指出偏见在我们生活的各个阶段上不断的产生和发展，并且力图证明全世界的人都联合起来阴谋败坏每个人的理性。我为各个身份地位的人的偏见勾画了一幅尽可能生动的图画，我所批评的只是每个人都会对他人加以批评的东西，尽管他们会纵容自己的错误。有人如果根据我对学校教育、大学、教会和政治家的指摘得出结论说我是反对学习知识、反对宗教、反对政府的，那么他们也很有理由宣称我反对养育和看护小孩，反对一切职业和手艺，反对人们的日常交往，反对人们在社会中生活；因为所有这些方面没有一处不遭到他们的滥用，而我所斥责的就只是这种滥用，而非被滥用的事物本身。

11. 第二封信的题目是《异教徒灵魂不朽观念的历史》，也是应塞伦娜的要求写的。我曾推荐她阅读柏拉图的《斐多篇》，有一天她问我：根据《斐多篇》的法译本，能否对柏拉图做出正确的评判。我回答说，法译本准确地转述了柏拉图原作的意义，但是远没有把他优美的文风表达出来。她想知道对《斐多篇》的阅读怎么会给加图[①]以力量，使之下决心强制自己罢手，以免陷入恺撒篡政的樊笼。她尤其不明白，《斐多篇》怎么会使安布拉西亚的克辽姆布罗托斯高兴得竟至自沉于海，以求迅速臻于柏拉图在此篇中所描绘的那种极乐状态。她承认自己在这篇极其沉闷乏味的对话中未发现有令人信服的证明，而看到的只是一大堆的臆测。我对她说，

① Cato（公元前 95～前 46），俗称小加图，古罗马政治活动家，支持元老院贵族派，反对恺撒，为斯多葛派信徒。——译注

神圣的权威是我们的希望的最可靠的精神支柱，是灵魂不朽的最好的证明，如果不是唯一的证明的话。我又补充说，灵魂不朽的观念最初起源于异教徒，但是使他们相信这个观念的理由是很软弱的，因此，毫不奇怪，在他们中间有很多人对它表示怀疑或否定，而大多数人则对此持漠不关心的态度。我最后指出，如果加图从未读过柏拉图的著作，绝不可能在罗马丧失自由之后还隐忍苟活下来；克辽姆布罗托斯的故事则远未得到证实。有些古人自己对柏拉图以苏格拉底之口提出的论证并不那么看重；西塞罗是柏拉图公开的崇拜者，对他的《斐多篇》尤为赞赏，然而对它也有如下的苛评，他说："我弄不明白这是怎么回事，当我读它的时候，我是同意的，可是当我把书撇开，开始独自思考灵魂不朽问题时，全部的同意都消失了。"[1]她听我谈到这种看法在异教徒中间是什么时候开始有的，这种看法也如其他观念一样有其首倡者、支持者和反对者，她感到很惊讶。我坦率地向她讲了这一切，同时指出这种看法在那时所知的各地逐渐传播的情况，以及关于极乐世界、河流、判官、天堂和地狱之门及地狱的摆渡者，关于未经安葬的死者的忧虑不安的灵魂的那些诗意的神话的真正起源，我还根据明显的证明指出，古埃及人是异教徒世界的一切知识和宗教的真正源泉。所有这些我力图证明的东西，都不是根据一向被视为最大的权威，而是大都以保存至今的古代典籍为依据的。因为在这些问题上，推想、假想是没有任何价值的，因此，当我们说某某人是第一个教天文学的人，某某人是第一个建立神殿的人，某某人是第一个施魔法

① 《图斯库鲁姆谈话集》，第 1 卷。

的人时,我们的意思并不是说他决然无疑地就是第一人(因为上追如此久远的年代,谁能完全确定这一点呢?),而是说他是能以现有记载为证的第一人。因此凡是我讲某某第一时,我都是在这个意义上说的。在这第二封信中,我同样证明灵魂不朽之说并非始于哲学家,不是哲学家们根据人有随意自发的动作、有推理或语言能力而推出来的结论。与此相反,我指出在异教徒中这种观念最初是被民众接受的。在一般民众中流行的传统观念往往变成哲学家的学说,他们力图以充分的论证支持他人首先提出而缺乏论证或论证不当的观点。如果我所说的这些是正确的,那么这首先就驳倒了通常认为异教徒的灵魂不朽观念来自犹太人的那些人,其次也驳斥了科沃德博士所持的意见,即认为关于人的灵魂具有独立存在的观点来自异教哲学家而非来自他人。[①] 我在写第二封信时并不知道有科沃德博士的这本书,而是最近才看到的,不过没有发现其中有任何对我有用的东西。

12. 第三封信也是写给塞伦娜的,而且是应她本人的要求写的。在此信中您会看到我是以一种与通常不同的方式解释偶像崇拜的。在这里您会读到我对如下诸种现象的最初起因的说明,如异教的庙宇、祭司、圣坛、节日和祭品;神像、雕塑、保护神;鬼魂、幽灵、神谕、魔法和占星术;我还说明了是什么原因使得人们想象天堂(好人的宫殿)在他们上面,地狱(恶人的牢狱)在他们脚下;为什么他们在祈祷时面向上苍;以及其他一些这类性质的事情。一般认为,除了诉诸风俗习惯,是不可能对这些现象做出任何说明的,

① 《总论》,即《保卫理性和宗教,反对哲学骗子》,第 105 页。

或认为由于年深日久，遗迹已湮没无闻，这些现象的最初起源已被埋葬而不复可寻了。在此信中我还对异教徒的主要礼拜仪式，他们对他们的神灵们所做的奇特的描述，他们所讲的关于这些神灵的举止行为的丑恶污秽的传说以及其他种种特异的事情给出了说明，长期以来人们一直以为这些都是诗人的虚构或人类想象的妄作，而绝不可能被化归为确实的历史。最后我对异教神学之区分为自然神学、民俗神学和诗意神学做了说明，对他们的神秘仪式加以隐喻的解释，并将他们的一些习俗与基督教的腐败恶行相比较，由此可见，迷信在一切时代都是一般无二的，不论其名称如何不同。这第三封信虽然是我写的所有的信中最长的一封，但您还会认为在如此之短的一封信中不可能对我提及的许多不同的题目给以充分的说明，更不要说我无暇谈到的那些问题了。因此您一定认为，我在这里不乏陈词滥调，也未详述关于这些题目可说的一切（这是我远远做不到的），不过只是讲了为使一位女士以及所有具有理性能力的人都能确信和容易理解这些问题所绝对必须的一切。因此，不能以此为论据而断言我没有其他的理由或其他可援引的权威典籍来为我的那些可能被看作危险的奇谈怪论的意见辩护，有这种看法的人极端害怕被引导逸出常轨，不敢越雷池一步，虽然我所讲的一切只是要使他们走的路更便捷更安全，使他们走在丰草如茵的丘原上，而不再漫无方向地穿越荒野，跋涉湖泊沼泽，在危石巉岩间攀援而行。

13. 我料想，您会感到奇怪，在关于偶像崇拜的起源和发展的问题上，我和一位作者的意见分歧竟如此之大，而这位作者论这个题目的著作我最近刚刚以赞许的口吻推荐给您。我是指哈尔伦城的名医、最可依赖亦最勤奋的古文物研究家安东尼·范戴尔。我对他那本书的评价依然不变,只是我认为(如我后来曾告诉您的)书的名称应当为《远古时代异教的、犹太教的和基督教的迷信大全》,而不是《偶像崇拜的起源和发展》。因为该书对这些迷信的东西有极准确的叙述,但对它们的起源并未论及,而且也不包含任何与我引用的文献资料相反的东西,除了他讲天体崇拜的地方,那是我所驳斥了的。至于偶像崇拜之由迦勒底传播到叙利亚和亚洲其他地区,特别是爱奥尼亚,然后又传至希腊,如此等等,这些是纯粹的推测,并未提出任何证明,正如我们从上述论著的第二和第三章所看到的,作者在这两章确实谈到这个问题,但只是附带地提了一下。我毫不怀疑这位有学问的先生会重视可靠的文献资料(即使它们通常不被人们注意),而不会喜欢一般人误信的事情(虽然它们是被普遍承认了的)。对于范戴尔先生的《异教神谕史》,您已非常满意地熟读精研过了。他最近发表了 11 篇论文,主要是关于异教徒的宗教仪式的。在这些论文中他根据对圣牌、碑文和一些作家著作的若干章节文字的研究,对古代史做出了重大的发现。他目前在准备发表一部驳一个化名亚里斯梯亚的人的作品,因而也驳斥了被错误地归之于七十名希腊释经者的所谓七十子希腊文本《圣经·旧约》翻译的历史。在书中他考察了斋戒涤罪和灵魂重生的古老仪式,如用水、血之类洗涤、喷洒、浸泡等等;由此我们可以预期出现与基督教的洗礼、浸礼相关的许多奇妙的仪式。对这些仪式作者不仅讲述得极其流畅自如,而且解释得异常平实公允。

因为范戴尔先生虽然就其信仰而言是一个门诺派教徒[①]或者说是所谓再洗礼派教徒[②]，但他是我所知道的最热爱真理者之一，也是一位真理之友，虽然财单力薄，却有一颗宽宏博大的心灵。他是一位具有崇高思想的人，而绝非痴迷于任何违反常识和权威证明的东西的顽固派。

14. 我还给塞伦娜写过另外几封信，而且谈论的都是远更稀奇古怪的事情。但是因为这些信尚未完全抄好，所以现在寄给您的是另外两篇哲学的书信，这是写给您全然陌生的两位绅士的。其中第一封信，亦即我给您的信袋中的第四封，原是寄给一位斯宾诺莎的极度崇拜者的。他一心热衷于斯氏的原理，据说是对斯氏体系有最深刻透彻的理解者。经过几次在几个问题上的争论，有一回我顺便对他说，斯宾诺莎哲学的整个结构没有任何坚固的基础，他立即抓住我这句话进行反驳，使我不得片刻的安宁，一直到我隐居在一处优美的乡间别墅，才有了充足的闲暇，于是我就写了这封信。他是一位极其坦诚的人，直率地承认斯宾诺莎在这个问题上是有缺陷的，因而在所有以此为依据的地方都是有缺陷的，虽然他此前从未深切地注意到这一点，而且其他一些斯宾诺莎主义者也同样坦率地承认了这一点。有一位由于其卓越学识和高贵家世而颇负盛名的绅士设法看到了我这封被他们称之为《驳斯宾诺莎》的信，并且互相传阅。这位绅士对信中直接谈到这位哲学家的地方有许多赞许之词（我在此不宜重复它们），但是对信的后面一

① 基督教新教的一支，反对婴儿洗礼，主张过简朴的生活。——译注

② 基督教的一派，认为婴儿受洗无效，主张成年时再受洗。门诺派为其一支派。——译注

部分表示不满，我在那里发表了我个人的看法，认为运动像广延一样是物质本质固有的，物质绝不是也不可能是一堆呆滞的、僵死的、没有任何能动性或处于绝对静止状态的东西。对于他乐于提出的若干反对意见，我在第二封信亦即我寄给您的信袋中第五封也是最后一封信里做了明确的回答。关于我之主张这样一种与古今哲学家截然相反的观点，我所做的辩护您可翻阅此信本身，它会使您同样相信，我的观点并不会得出乍一看似乎会导致的那些有害的结论。至于您本人对于我的观点可能给哲学带来什么重要的利益持有什么看法，我不做预测，因为问题不在于它是否给人以便利，而是它是否是真理。我也无意为自己以一种极平淡的文体撰写哲学的奥秘进行辩解，我感到遗憾的只是没有充分的时间把这些东西讲得更通俗，使人更易理解，因为用日常习用的术语讲哲学的奥秘要容易得多。但是在这种情况下，能够对哲学上的争论做出判断的人就愈少了，哲学这门学问就会被弄得愈加无用和无趣了。如果科沃德博士(他最近的一本书我日前才有幸拜读一回)碰巧看到我的这封信，我希望他不要再断言："运动显然不是物质，虽然我们想要定义它，但是我们几乎找不到可以表达其本质的语词。"[①]因为我觉得我已非常清楚地说明了：运动不过是从一定的方面来看的物质，它和广延一样没有包含或穷尽整个物质观念。一个人如果承认(如科沃德所声称的那样[②])"上帝可能赋予物质以自我运动的原则"，那么就再也不会认为物质自动在哲学上是不

① 《总论》，第 74 页。

② 同上，前言。

可能的了，也不会再主张[1]，由于神的智慧的某些隐秘而不为我们所知的原因，物质永远不能使自己运动了。他所设想的这些原因大概是"为了保持宇宙的秩序和结构"，他认为，"如果全部物质开始自我运动了，那么宇宙的秩序和结构就必然会被毁灭了，因此上帝认为给物质以限制是适宜的"。[2] 但是如果他考虑一下我的论证，他就会看到，物质恒常发挥其本质固有的能动性并不会给宇宙带来他所担心的那种危险。诚然，如果一方面说运动是物质本质固有的，同时又说只有物质的某些部分而且是在一定的情况下才赋有一种自动的能力，那就陷入矛盾了。其实，如果我的说法有点道理的话，那么说物质有时可无运动正如说物质有时可无广延一样是矛盾的。物质本质固有的是运动本身，而不是物质运动的这种或那种或任何其他特殊的方面，这些各别的方面一般皆取决于物体的相互作用或万能上帝的直接力量和无上英明的旨意。但是说上帝会使物质去掉运动，虽然运动是物质本质固有的，这就等于说上帝能把物质的广延性或坚实性剥夺掉，这也就等于说他能使物质不成其为物质。

15\. 我前已答应过您，让您可以随意把这些信拿给所有对这些问题有兴趣的您的朋友们看，而不问其与我是敌是友，也无论其是辉格党还是托利党，是思想宽容的宗教自由派还是恪守教规的清教徒，是忠于国教会的信徒还是拒绝宣誓效忠国教会的分裂分子。因为在我的这些信中没有任何东西与目前使他们在宗教或政

① 《总论》，第 153 页。

② 同上。

治上分裂的争论有关，它们所包含的只有一切党派、一切宗派、一切派系的人都可以不动感情地加以阅读的东西。这些信不过是对悠久的古代遗迹的单纯的研究，或者是对哲学的简略论说，无意伤害任何人，倒是想要使所有的人感到愉悦，即使它们不能给读者以教益，总可以使人们得到消遣。至于对一切都怀有猜忌之心的那些人，他们的意见根本不为人所重，这已经使他们受到了足够的惩罚。这些心有怨气的游侠骑士们总在寻求新的冒险奇遇，把他碰到的每一个人都当成一个巨人或者一个侏儒。要让他沉默不语的最可靠的办法就是我们用以安抚桀骜不驯的顽童的办法，即对他们的诉苦抱怨置之不理，而对他们的猖獗恣肆则绝不纵容。如果能阻止人们把古代人的见解、风俗习惯、宗教和政体介绍给广大民众，以使任何现代的人都别幻想利用古代的伪装扮演自己的角色，那么这的确是阻挠一切学术的增进和一切知识、文明教养的进步的一个有效的方法。我不否认这种做法有时是很自然的，即使一个作者并无此意，我除了在直率地进行比较的时候也不会这样讲。但是，有关的人士远更易于做出这种推论，因为他们比任何人都更需要了解古代的学说和习俗跟他们自己的学说和习俗最具相似性之处何在。在我看来，在这种情况下，对他们来说，二者必居其一：要么抛弃他们自己所捍卫的东西，如果这种东西并不比他们所批评于古人者更有可靠的根据，而且甚至也许即渊源于后者，要么就发布一条法律，禁止向人们讲述古代人所信仰的东西，现代人只许从古人那里仿造绝对有用有好处的东西，而要删掉一切绝对是坏的和谬误的东西。

16. 至于您的某个怒气冲冲的朋友对我的非难，您也许不愿意听，但是我总劝您对这种无聊的东西不要比我更费心伤神，您会看到就连教会和政府中地位比我优越者都不能保护自己免受那帮热衷于进行人身攻击或者没有能力与他人成就抗衡因而心怀忌恨的人的诽谤中伤。人类在一切时代都是一样的，自古以来人们都是用的同样的阴谋诡计煽动人的情欲或误导人的热情，任何谦恭抱歉之词都不可能使这样一些满腹怒气或心怀仇恨的家伙安心满意。因此，一切明哲之士一向都极蔑视诸如此类的喧嚣叫嚷，如果他们完成了任何值得注意或称赞的事情，使他们感到惊讶的不是如他们所预料的那样遭到恶意的攻击，而是居然无人予以贬斥（这种情况是罕见的）。他人的沉默使他们怀疑自己的作品是被人藐视的，或者担心普遍的赞许恰恰表明自己所写的不是真理。但是，不论他们在自己的时代命运如何，公正的后代人会给他们以应有的评价来纪念他们，而他们的那些对手则或者被完全遗忘，或者只是因为他们曾心怀嫉妒地或愚昧无知地反对过本来应加以感谢和赞扬的东西而被人们记起他们的恶名。在人的一切弱点中虚荣心无疑是最可耻的一种。当一个对手在嘲笑怒骂时，人们很容易认为他不讲理；当他大发脾气时，人们认为那是因为他无言以答；当他胡聊瞎扯、言不及义时，那是因为他对所谈的问题本来无话可说；当他惹是生非、制造混乱时，那是为了迷惑读者，或者在他自己制造的烟幕的掩盖下逃之夭夭。我们知道，就有这样一些具有那种特别癖性的人，他们不往别人身上泼脏水，简直就不能活。如果这是他们为了健身所必需的，或者他们的机体需要这样排泄其胆汁[1]，那么我们应当予以谴责的就不仅是这些人，而且是那些非常看重他们的意见的人。至于您寄给我的一位低教会派信徒[2]的手稿和其他一些这样的作者的作品（那么我要说的是）：尽管我并未参与或干预他们的争论，而且我在《自由的辩护》中对反驳拙著《基督教并不神秘》一书的意见已做了满意的回答，但是他们还是硬把我的名字拉扯到无宗教信仰者之列而加以谩骂，并且一定与我们最可尊敬的主教、大主教们结伙搭伴恩赐我以他们的恶语辱骂。简言之，由于我保持沉默和温顺的态度，他们就以与往日相同的语言对付我。非常明显，他们的一切虚言矫情都是伪善的，正如他们的仁爱行为都是狭隘小气的。他们的作为并不是为了关怀我的灵魂，而是要恶毒地攻击我的人格，不是为了教会的利益，而是要取悦于一个宗派，其中有的人则是要以其效力有功而博得奖赏，而这是他们有望升迁的最好的机会了。就是这些人使牧师们蒙受了他们永远不会宽恕的奇耻大辱，但是上帝不会允许一个庞大的教会团体为少数人未经其同意而胡编乱造所犯的罪过负责。在任何时候，我对一个这样的人都会心怀感激而无不快之意，他对我并不比对我们永远难忘的使我们摆脱奴隶制的解放者和我们自由的举世无双的守护神威廉国王抱有更大的敬意；他对我并不比对广大的新教徒和英国反国教派这样忠实的臣民有更大的宽容；他对我并不比对国教会的一切温和派成员表示更多的关爱。但是这个人的激烈狂放的文风却只能讨好极少数的人，至于他的无知和缺乏教

---

① choler，原义为胆汁，转义为怒气。——译注

② 低教会派为英国基督教圣公会之一支，反对教会的至上权威，主张简化仪式。——译注

养就无须说了。他的诽谤书文的真正目的确实邪恶之极，就是要反对一些人，把我们大家分裂。不管他和他的同类如何，我要大胆宣布本人在国内是一个低教会信徒，在国外则是与此间的新教徒站在一起的英国国教会信徒。

17. 为了使您能顺畅无碍地阅读后面这几篇论文，我在上面已为您做了充分的准备工作，现在我就不再麻烦您和我自己了，而只是要请您确信，像思念在英国的任何朋友一样，我渴望见到您（我希望很快就能实现），而且我仍然是您的恭顺的仆人。

第一封信

偏见的起源和力量

1. 夫人，您很抱怨自己至今仍摆脱不了某些偏见的束缚，但我更感到惊奇的倒是您怎么已消除了那么多的偏见。如果您认真地想一想所有的人都是在一种多么可悲的境况下出生的，而且要让他们不在谬误中受教育是多么的不可能；要使他们在成年时去掉他们的成见是如何的困难，而当他们已变得热心致力于发现真理时，要使他们去掉成见又是如何的危险，想想这些您就感到一点自慰，对您自己也会有一个更适当的看法。

2. 既然您乐于彻底摆脱偏见，我就简略地追溯一下它们的起因，指出我们的偏见是如何逐渐发展起来的，并且在发展过程中如何不断地得到加强。我们所有的人都从赋予我们生命的先辈的癖好和我们的族类中占主导的情欲获得太多的东西：即使我们的特性和行为还不能完全无误地证明我们在母胎中就已接受了好的或坏的影响，但是我们有时秉有的一些特别的标记，或者得之于我们母亲的热切期望，或者是其他偶然原因造成的（这些常常保存在他们的记忆中），就足以证明，在我们出生之前，我们的偏见就已深深地扎下根基了。我们在刚刚出世时所禀赋的气质不仅使我们具有对这样或那样的特殊脾性和习惯的一种倾向，而且使我们对未来生活行为具有一种明显的偏向，对于这种倾向或偏向我们只有尽最大的努力运用理性才有可能加以矫正。

3. 我们出生到这个世界不久，一个大骗局就开始从各个方面欺哄迷惑我们。接生婆用迷信的仪式将我们带进人间，那些帮助她接生的善良的女人们则用千百种符咒为婴儿驱邪招福，做出种种滑稽可笑的察看去发现这个婴儿未来一生的预兆。教士在某些方面也不落后于这些三姑六婆的胡言乱语，而是及时地使这个婴儿接受他的信仰，他们念念有词地向婴儿宣讲某种形式的话语，即具有强大魅力的咒语，并利用由盐或油做成的一些柔性的象征物，或者用铁或火弄的较烈性的法术，或者用某种其他的方法向这个婴儿指出他未来应有的权利和资产。诚然，这个儿童此时尚未受到任何诸如此类的狂言蠢话的影响，不论他后来是否相信它们有何等的效力，但是这毕竟表明他周围的人们在多么早的时候就开始用自己的谬误观念去影响他（如果他们能做到的话），他后来必得与之打交道的每一个人又是如何热心积极地从一开始就力图败坏他的理性。因此，一个儿童既然记不得是何时、何地和如何获得他的许多观念的，就倾向于认为它们是来于自然本身，如果看到有任何人对这些观念的真理性表示怀疑，他会感到惊讶的。我们从下面的论述可以更清楚地看到这一点。

4. 我们一旦呱呱坠地，就立即被交给奶妈手里，她们是最卑下的民众中无知的妇女，她们用她们的乳汁把她们的谬误观念灌输给我们，她们讲骷髅头和两根交叉的腿骨、老妖婆和毒老头的故事来吓唬我们，使我们安静不敢哭闹。为了使我们不致流荡在外迷失道路或失足落入井中或河中，她们讲精灵和小鬼的故事来恐

吓我们，使我们相信一切孤寂荒凉的所在都是妖鬼出没的地方，而且这些在冥冥中目不可见的幽灵主要是在夜间活动作祟。对这些最初被如此编造出来使儿童服从管制（使他们此后永远成为可怜的奴隶的一种管制）的故事，在儿童长大成人以后，更是真心实意地相信，从而整个世代和整个国家终于都相信那是真的，而且迷信到这样的地步，以至许多人（他们在其他方面是精明的）竟不敢独自一人在卧室里睡觉，除了白天不敢出外旅行，更没有勇气踏进空寂无人的空荡荡的住宅或教堂。

5. 我们从奶妈那里被带回家，仍然落入那些更坏的慵懒而又无知的家仆手中，他们最主要的娱乐就是讲述关于仙女、小精灵、魔法、似活人般的鬼魂、占卦算命、问卜占星术士以及其他诸如此类的幻想虚构的东西；他们往往为了实现个人的阴谋诡计而喜欢互相恐吓和互相欺骗。这些事情，无论其意图如何，不会不对儿童造成极有害的影响，而我们的父母，则大多并不比那些仆人们更聪明。

6. 然后我们被送去上学。所有的孩子都同样是带着从家庭感染的毒素来到学校的，而在这里他们听到的也不外是恶魔、仙女、守护神、森林之神、农牧之神、幽灵、天启预言、神奇变幻以及其他种种惊人的奇迹。我们也在我们自己中间彼此反复讲述所有这些故事；在一个谨言慎行的家庭中对儿童可能隐讳不讲的东西，他们肯定能在学校里听到，在那里有那么多的孩子聚在一起，并不会促使彼此进步向善（不能设想他们的交往有此益处），相反地，他们会互相交流各自的谬误观念和坏习惯，变得更懒惰，而且找到可以仿效的坏的榜样。我们如饥似渴地贪婪阅读诗人、演说家和神话作品，把他们的作品大段大段地记牢背熟，而深为惊羡和折服于其作品的风格、韵律和结构的魅力。因此我们竟至以无法形容的喜悦把他们的谬误的毒品囫囵吞下，并为我们将来的轻信而易受骗埋下了根子，不知不觉地形成一种倾向，喜欢听稀奇古怪的事情，想象我们相信的都是我们唯有感到恐惧或欲望的东西，当我们陷于迷惑糊涂之际，却认为自己有坚定的信念，并且把我们无法理解的东西一口吞下。

7. 在大学里，尤其在外国大学里，我们并没有被培养得更聪明些，相反却变得愈加虚荣和自负。在大学里教授们（不论是对还是错）必须使一切都适应本国的法律和宗教；如果他们有时偷偷地进行一点哲学研究，那么他们通常会走极端，或者让我们对我们的感官全不相信或过度相信，或者用虚幻的抽象和奥妙难解的思辨来糊弄我们，这些抽象和思辨把我们探讨的对象精炼得距离我们愈加遥远，最后终归于纯粹的虚无。大学是培养偏见的最肥沃的苗床，而最大的偏见则在于，我们以为可以在那里学到一切，但实际上什么也学不到。我们只是满有自信地凭着死记硬背去重述我们哲学体系的那些缺乏根据的概念，如果有任何人对它们提出反驳，除了重复陈词滥调之外，我们不能更置一词，而且也提不出能使对方或使我们满意的任何论证。但是我们感到安慰的是，我们知道的东西像我们的老师知道的一样多，他们都喜欢讲一种通常毫无意义的粗俗的胡话；使他们的学生得以获取学位的主要的诀窍是用极不寻常的词语讨论极其寻常的问题。不过他们之不能见容于理智健全的人们者，不止于此，更严重的是他们的固执和迂腐，他们之永远热衷于争论和辩驳。我有意不谈大学利用年轻人

（他们当然必须依赖他们的老师的意见）缺乏经验诱使他们早早加入各种不同的政党和宗派，使之养成对人怀有敌意、爱吹毛求疵和偏执盲从的品性。总之，一个人在大学里学到的几乎只有他应该忘掉的东西。如果他进入其他社会群体而要人家理解他，不使人觉得他可笑可厌的话，就必须把那些东西忘掉。

8. 但是这一切似乎还不足以败坏我们的理性，于是在世界上大多数国家中就有某种被雇用的特殊的人士，他们的任务不是使人民醒悟而是使人民陷于错误而不能自拔。这些话听起来有点尖锐刺耳，不过我不是指正统的神职人员。至于其他一些教士，我们又能肯定地说些什么呢，既然他们正因此故而被视为旁门左道？我们听过或读过的那些奇异的事情和惊人的故事（如果与某种宗教有关），布道者在讲坛上天天证实说确有其事，而他所说的一切则被绝大多数的听众奉为真理，因为任何人都没有反对他的自由，而他则将自己的奇思狂想冒充上帝的神谕。虽然每个宗教派别都否认自己的学说是这样的（而且，塞伦娜，我们知道我们所信奉的改革的新教就不是这样的），但是其他的人们却以无可辩驳的论证互相断定这一点。因为不可能所有的信念或一个以上的信念同时都是正确的，这也就证明，其他的人们，亦即人类的大多数，都被他们的教士阻留在谬误之中。然而，对天堂之乐和地狱之苦的怀疑本身就足以提供令人信服的论据，说明它们有无穷多的矛盾，它们给予人的希望和恐惧的影响是如此之强烈，而这些又都是建立在无知之上的！

9. 当我们出生到这个世上，就发现所有那些谬误都受到人们高度的尊重信服，凡是违背这种普遍的思想和行为方式的都被视

若怪物。如果由于某种幸运的机遇我们得以豁然醒悟，那么一种强大的为利益所驱使的力量就会迫使我们虚伪地（您若愿意，也可以说是谨慎地）去说假话，因为我们担心会失掉财富、安宁、名誉乃至生命。我们也以自己的榜样教他人坚信自己的偏见，正如我们自己欺骗自己一样。人们只有根据我们的外表行为才能了解我们的内心思想，我们的外表行为与他们自己的行为如此相像，因此他们就断定我们与他们具有同样的信念。此外，坚持我们是正确的而他人都是错误的这种想法可以解释我们何以对所有其他的人都抱着轻蔑侮慢的态度。因为一个人若了解人类而且决心过一种远离俗众扰攘和尘世喧嚣的无忧无虑的生活，就不会有这种想法。

10．那些更乐于与众人嚣尘共处或不得不忍受这种生活的人，一般都专心致力于某种职业。这必然使他们为了其特殊行业的利益而接受许多的偏见，即使他们并非全都对这些偏见始终坚信不渝，但他们发现他人也相信这些偏见对他们是有利的，可以为他们捞得更大的信任、声望和权威。罗马监察官加图[①]感到惊讶的是，当一个占卜官与另一个占卜官相遇时，他们绝不会嘲笑那些相信他们的占卜的人的单纯无知。就像我们从历史上知道的那样，他们在自己人中间常常嘲笑那些轻信占卜的人，然而他们绝不会把他们那一流人的骗术揭露给那些人，那些人认为他们是绝对正确的传递天意的使者，而且对他们将天机秘示于己给以充分的报偿。因此，不仅每一种职业，而且各个等级地位的人，都有其特

① Cato（公元前234～前149），罗马时代的政治家，曾任负责调查人口、监察人民行为的监察官。——译注

殊的语言，在别人看来，这种语言包含着远非常人所能理解的极其稀奇古怪的东西。贵族、乡村绅士、赛马骑师和花花公子，正如神学家、律师、医生和哲学家一样，都有自己的一些行话术语。其中除了少数精明老练者外，所有其他的人都真正相信他们是远比那些不懂他们的话语的人们伟大得多的人。我曾多次看到一个猎人对听不懂他那大呼小叫的俚语的人非常瞧不起，就像一个占星术士非常傲慢自得能用连他本人都未必明白的那些荒诞不稽的胡话启迪轻信受骗的群氓那样。在所有职业，尤其是在所谓手工技艺中，各行各业的人都立誓绝不将本行业的秘诀宣示于人，就是这种行业之秘使得他人以为在被如此巧妙地加以掩藏而实则极其寻常的事物中含有某种超凡异常的东西。至于国务政治的奥秘（虽非庸众之眼所能窥，但为人们所尊崇赞叹）有时也像所有其他秘密一样轻浮可笑，一样空幻臆想。

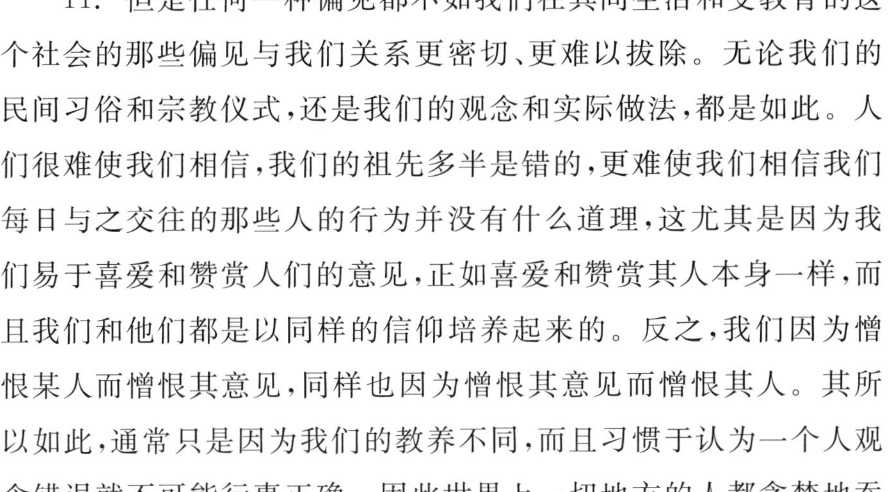

11. 但是任何一种偏见都不如我们在其间生活和受教育的这个社会的那些偏见与我们关系更密切、更难以拔除。无论我们的民间习俗和宗教仪式，还是我们的观念和实际做法，都是如此。人们很难使我们相信，我们的祖先多半是错的，更难使我们相信我们每日与之交往的那些人的行为并没有什么道理，这尤其是因为我们易于喜爱和赞赏人们的意见，正如喜爱和赞赏其人本身一样，而且我们和他们都是以同样的信仰培养起来的。反之，我们因为憎恨某人而憎恨其意见，同样也因为憎恨其意见而憎恨其人。其所以如此，通常只是因为我们的教养不同，而且习惯于认为一个人观念错误就不可能行事正确。因此世界上一切地方的人都贪婪地吞食着他们从孩提时期就被教导要效法或尊重的东西，而且毫无根据地准备在年长时为这种东西的真理而死。老实说，这不过是成为习惯的牺牲品，而不是宗教或真理的殉道者（除非由于纯粹的偶然）。不但如此，习惯（人们称之为第二天性并无不当）给社会的语言本身打上了如此深刻的印记，以至于用这些或那些语词说出来的东西，虽说并没有多么不同或玄妙难解之处，通常却也都被看作是流行的真理。但是，如果改变一下你的说法，或者使用任何其他派别的词语，那么即使你说的是神谕，你所说的东西也会被视为谬误的，或最好也不过是一些可疑的东西。而且事情也的确不能不是这样，因为所有其他人的那些偏见是根本不必考察的。例如，你可能经过自己的理智思考而接受一种你所喜欢的宗教，但是，请问，什么宗教会容许你违背它去自行推理思考呢？我知道有的宗教宣称允许有研究考察的自由，但是他们的行动却往往表明他们并无诚意。假若经过如此一番的研究考察，他们的某个教义被质疑或否定，那么这样做的这个人的日子就会很不好过。他即使不被处死，也会被流放，被剥夺工作，被罚款，或被开除教籍，这就看他所属教会的权力之大小了。他可以期望的最小的惩罚就是被社会的其他成员所憎恶和回避（这是人人有能力做得到的），这也不是每人都有足够的坚忍毅力而为了最伟大的真理所能忍受的。正是人与人间的亲密交谊常常使人们在表面上自称信仰那些最荒谬可笑的错误观念，却在内心中保持着令人赞叹的理智能力。

12. 除了上面所说的这一切，还有我们自己的恐惧和虚荣，我们对已往事物的无知，对现在缺乏信心，对未来抱着热切而忧虑的好奇心，在判断上的轻率，在表示赞同时的考虑不周，以及在研究问题上之缺乏应有的悬置存疑精神，凡此种种不仅使我们在实践上为流俗的谬误所迷惑，为我们的欲望和感觉所误导，在思辨的问题上把无数虚假不实的东西当作已被证明的真理，而且使我们不能公正地看待他人的长处，把无辜者与有罪者混为一谈，而且一般则偏向于后者。由于受偏见的支配，我们几乎不可能正确分辨孰为无辜，孰为有罪，在所有事情上孰为胜者，孰为败者。因为对我们来说，首要的问题不是一个人做了什么和做得如何，而是这个人是谁和他的来头。我们对他是表示认可还是予以责斥，是把他的书从头至尾看一遍还是不屑一顾，扔掉了事，这就要看他拥护哪党哪派而定了。这当然既不公平，也非大丈夫之所当为。我相信任何人都不会妄言，发现真理的方法不过是持续坚定不移地信仰它。因为例如很难想象如果从不允许一个人读圣经，这个人怎么能放弃可兰经；如果一个回教徒该读读圣经，那么我看不出有任何理由一个基督徒要害怕读可兰经，而且对世上一切书籍都应如此。对下面这样一些作为偏见之起源的平平常常的东西再做更多的议论是不必要的，例如支配我们的情欲，群众共同意见的影响，我们最强有力的主宰即习惯这个不可抗拒的暴君的权威，君主、教士和平民无不受其统治。

13. 通过上面的考察，我们可以看到，每个人处于何等危险的境况。对他来说要免受侵染，获得和保持自己的自由似乎是不可能的，因为世上所有其他的人都一致共谋来欺骗他。一个摆脱了偏见的人表面上看来并无较他人优长之处，但是，当他认为任何东西都比不上他内心的安宁和快乐，并觉着几乎所有其他同类的人总是在黑暗中匍匐爬行，迷失在无法脱身的迷宫之中，被无数的疑问所纠缠，为不断的恐惧而痛苦，而且不敢确信即使到死能否结束这种悲惨的境遇；反之，摆脱成见的人则由于能正确使用自己的理智而不致陷入所有这些无益的梦想和可怕的幻觉，他满足于已知的东西，但对新的发现感到欣喜，对不可思议的事物则毫不关心；他不是像牛马牲畜那样被权威或情欲牵着走，而是作为一个自由而有理性的人为自己的行为立法自律，磨练发展自己的理性将成为他毕生致力的主要目标。

14. 塞伦娜，我像任何人一样清楚地知道，您对此已有丰富的知识而极少偏见，能进行极严密的推理，精确的思考和恰切的表达，因此我已无须再为您详谈细说了。我承认，我现在应您的要求写这封信，并不是要给您以教导，而是要向您指出我们的意见非常一致，虽然我乐于承认，您的才智敏捷超过了大多数的男子汉和我自己，正如您有许多优秀品质，在所有女性侪辈中堪称翘楚。在偏见的问题上，您看得到您的处境至少并不比他人坏；如果您的境况更好一些（我相信是这样），那么您还是应该为自己心灵内在的愉悦和满意而感到自足，而不要希冀众人的大声喝彩，那会使您蒙受耻辱、陷于危险，而不可能给予您那无与伦比的美德以公正的评价。但是，您不应因此而不去享受与任何值得相识的人自由晤谈的快乐，您会发现他们很有判断力，而且在推理论辩上是很审慎小心的，正如我向您，夫人，自称是您的忠实而恭顺的仆人时所具有的真挚和热诚那样。

第二封信
异教徒灵魂不朽观念的历史

1. 夫人,如果最好的宗教的特征应当是其道德的纯粹与诚实,其教义的真实和有益,那么我不知道有任何人比您更真挚虔诚了,所有有幸与您结识的人都交口称赞您的美德,就是一个证明。我相信,您绝不怀疑灵魂不朽,因为基督教乃至上帝自己的启示都为它提供了最有力最清楚的证明。但是如您所说,您常常感到惊奇,异教徒们是怎么得以发现这个真理的,因为他们并没有授之于天的这种启示,而断言他们得之于古代犹太人的典籍的说法则既不难予以肯定,也不难予以否定。况且这种说法毫无根据,因为在这些古代典籍中没有明白谈到过灵魂不朽之类的事情,但是我们从《五经》[1]和其他许多史书分明看到,远在以色列人被赋予法律之前有很多民族已经有了自己的一些宗教和政府。关于所谓亚伯拉罕布道和挪亚子孙的传说也是如此。这些说法都没有任何事实的证据,就当时情况而言是根本不可能的。因此,夫人,既然我有幸做一件如您所表示的将使您深感快意的事情,那么我为您阐述这个问题正如对自己解释一样,不能从猜想和推测出发,猜想和推

① 或称《摩西五经》,即《圣经》的前五卷。——译注

测无论能把人说得如何闭口无言或令人如何快乐开心，都不可能给人以任何真实的信念。但是我将从公正而无偏颇的理性和古代作家最为一致的看法出发，进行论述。

2. 对于不若塞伦娜那样有学识而不怀偏见的人来说，听到我说灵魂不朽像其他一些哲学观点一样始于某一时期并由某人创造而且由于人们的信仰、兴趣和倾向之不同而受到支持或反对，也许会觉得奇怪。但是不论您怎么想，在异教徒那里情况就是这样。有时我对某些人的软弱感到吃惊，他们不顾自己的实际经验，似乎很怕承认这样的事实。仿佛事物的本质会因他人对它的错误看法而遭到损害，仿佛异教徒从未怀有关于上帝存在和我们宗教的所有其他教条的狂妄幻想，不过任何人都不把这看作否定这些教条的真理性的论据。

3. 埃及教士、迦勒底巫师和印度婆罗门彼此争论孰为灵魂不朽观念的首创者（正如哈勒姆人和门茨人关于印刷术的始创的争论，中国人和欧洲人关于印刷术和火炮的起源的争论，以及其他民族关于其他技艺或学说的发明权的争论一样），但是有一点是亚里士多德所明确断言而为一般作家所同意的无可争辩的真理，即绝大多数的古希腊哲学家做梦都不会想到在宇宙本身或宇宙的任何部分有一个起推动作用的精神的本原，而是以物质和空间运动、力之轻重等等来解释一切自然现象，[①]而且把诗人们关于诸神、守护神、灵魂、幽灵、天堂、地狱、幻象、预言和奇迹所说的一切都看作随

① “最早进行哲学思考的人大多以物质的本原为万物的本原。”——亚里士多德：《形而上学》，I，3。

意捏造的神话和为使读者消遣解闷而虚构的故事。泰利士、阿那克西曼德、阿那克西美尼和其他一些人教导说，宇宙是无限的，物质是永恒的，虽然其形式是可变的。之后来了阿那克萨戈拉，正如所有异教和基督教的作家一致承认的，[①]他在物质之外又加了另一个他称之为心灵的本原作为物质的推动者和安排者。正是因为创造了这个如此稀奇、如此新颖、如此怪异的学说，人们竟以心灵为他的绰号[②]，有人这样称呼他是嘲笑他的这个观点，另外的人这样称呼他则是对他的称赞。我们现在就来指出他是怎样发现心灵这个观念的，尽管在他之前人们大多以无限的物质为万物的本原。诚然，泰利士主张物质本质上是水，阿那克西美尼认为物质是气，万物都是通过这种元素的各种不同的凝缩和稀释而形成的。二者看法有别，但含义相同，即认为物质微粒像气或水一样是极其精微的而且处于永恒的运动中。如我们刚刚谈过的，直至阿那克萨戈拉提出具有推动力和能安排秩序的心灵之前，整整一批哲学家都是根据物质的运动和宇宙的无限来解释一切自然现象的。

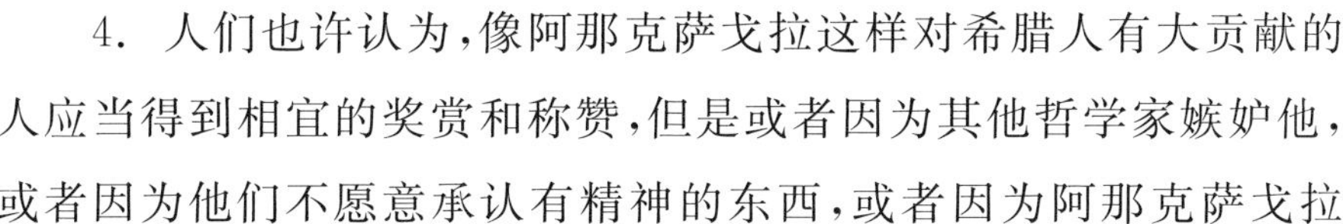

4. 人们也许认为，像阿那克萨戈拉这样对希腊人有大贡献的人应当得到相宜的奖赏和称赞，但是或者因为其他哲学家嫉妒他，或者因为他们不愿意承认有精神的东西，或者因为阿那克萨戈拉

① 亚里士多德：《形而上学》，I，1；柏拉图：《斐多篇》；西塞罗：《论神性》I，1；第欧根尼·拉尔修：《著名哲学家的生平与思想》，论阿那克萨戈拉一章；普卢塔克：《伯里克利传》和《哲学名言录》I，1；德尔图良：《论灵魂》；亚历山大里亚的克雷芒：《基质》，I，2；优西比乌斯：《福音书初阶》，I，14；奥古斯丁：《论上帝之城》，I，8；泰米斯修：《谈话录》，15；亦见普罗克洛、辛普里丘及其他许多异教的和基督教的作家的作品。

② 第欧根尼·拉尔修：《著名哲学家的生平与思想》，论阿那克萨戈拉一章；普卢塔克：《伯里克利传》。

对他们的驳难没有做出令人满意的回答，或者因为无论什么别的原因，他的名声在当时和后来一直都很不走运，遭到所有哲学派别的恶劣对待，而这就我所知，非有他故，只是因为他未能投合其中的任何一派。有的派别断言，他不懂得微粒哲学，他之采纳承认独立心灵的观点（他只是采纳这个观点，而不是它的创始者）是为了使自己不必费力去了解力学，去进行长时间的推理和精确的观察，去窥探事物的本质。为了证实这一点，他们说他在其他问题上的猜想都是非常粗疏拙劣的，这可以他的下述种种学说为证。[①] 例如，他说：太阳略大于伯罗奔尼撒半岛；地是方的，不是圆的；天空是由石头做成的，它们由于急速旋转而不致坠落；男子是从母亲的右面生出来的，女子是从母亲的左面生出来的；雪是黑的；万物的分子，如血、骨头、金子、牛奶的分子，从无穷的时间以来就已形成和存在了，但是它们之构成了血或金子、黑色的东西或绿色的东西，则是因为它们有足够多的分子集合在一个物体中，大大超过了任何其他种类的分子，希腊人把这种分子称为"同质物"（Homaeomeria）。人们还讥笑他把自己的土地放任羊群随意践踏，以便使自己有更多的空闲研究天文学，而在这种研究上他提出的关于太阳和天空石的体系表明他是一位令人惊叹的专家。[②] 人们责备他忽视了生活中必需和有益的事物，而完全致力于思辨的、深奥的、玄远的思考，这些是全无用处而且不可靠的；并且说他晚年理应穷得难以糊口。若不是有他的学生伯里克利相助，他会饥饿以死的。

① 第欧根尼·拉尔修：《著名哲学家的生平与思想》，论阿那克萨戈拉一章及其评论。

② 第欧根尼·拉尔修：《著名哲学家的生平与思想》，论阿那克萨戈拉一章。

那些相信有一个神圣的智慧的存在的人们把他看作一个介乎他们自己和爱奥尼亚派之间的哲学家，对他没有处处应用他的能安排秩序的心灵感到愤怒，因为他常常尽可能不利用心灵而仅以物体的相互作用和反作用来解释一切自然现象。柏拉图在《斐多篇》中介绍了苏格拉底在这个问题上对他的非难和对他的著作的极大的轻蔑。由于同样的理由，基督教会的一些教父们也不把他列入正统派，尽管他把精神加之于物质；伊伦纽斯[1]在其反异端的第二卷书中不仅说他是无宗教信仰的，而且把他直接称为无神论者，并且说其他人就是这样称呼他的。亚历山大里亚的克雷芒用诙谐的言词激烈地抨击阿那克萨戈拉，下面逐字逐句地引他的一段原话。他说："阿那克萨戈拉是第一个给事物加上心灵的人，但是他没有维护心灵之为作用因的崇高品格，而是描写某些没有心智的旋风，使心灵成为无心智的、无能动性的。"[2]亚里士多德则把他比之于一个诗人，这个诗人在没有任何自然的原因能够拯救他的英雄时用一种奇迹的力量救出了他。亚里士多德说："阿那克萨戈拉利用心灵有如利用一架机器来构成世界，但只是在他不知道用什么原因才能说明世界的必然存在时，才把心灵搬出来，而在其他事情上，他则赋予被创造的事物以某种其他的而非心灵的原因。"[3]不过，无论在古代还是在近代，对阿那克萨戈拉持良好看法者也不乏

① 伊伦纽斯:《论异端》，第 2 卷。（Irenæus 为基督教教父之一，生年约在公元 130～202 年。——译注）

② 《基质》I，2。（克雷芒为基督教早期教父之一，生年为公元 30～101 年。——译注）

③ 《形而上学》，I，1。

其人。著名的伯尔奈特博士在其《考古学》一书中说，阿那克萨戈拉的绰号“心灵”远比“非洲佬”和“亚洲佬”的诨名更为可敬。[①] 阿那克萨戈拉对自己也不失正确的评价，他在被放逐(无论是因为否定行星具有神性的无神论，还是因为参与伯里克利的谋反罪)之后，有人告诉他说他已自绝于雅典人了，他立即回答道：“不是我自绝于他们，而是他们自绝于我。”[②]

5. 西塞罗和其他一些人告诉我们，希腊锡罗斯岛的菲雷西得斯是希腊哲学家中间第一个在其著作中写到灵魂不朽的人。[③] 泰利士虽然据说也持有同样的意见，[④]但是他并没有发表任何作品，马克西姆·蒂留斯在其第28篇论文中与西塞罗一道断定说，菲雷西得斯的学生、萨摩斯岛的毕达哥拉斯“是希腊人中间第一个敢于公开主张只有躯体是有死的，灵魂是不朽的，既不会随年龄而衰老，也不会变得腐朽，而且在降临尘世之前就已存在的人”。如您所看到的，这是一个极其新颖的观点，有充分的勇气把它谈出来的人可算是一个胆大敢为的人物。后来柏拉图和其他人如饥似渴地接受了这个学说；我们知道，希腊人通过他们的诗人、演说家、历史家和哲学家能够多么广泛地在亚洲、意大利、西西里岛、高卢和世界其他地方的殖民地传播这个学说，他们的作品以其精美、优雅和

---

① 托马斯·伯尔奈特：《哲学考古学或地球的神圣历史》第1卷第10章。[Burnet (1643～1715)为英国神学家和历史家。——译注]

② 第欧根尼·拉尔修：《著名哲学家的生平与思想》，论阿那克萨戈拉一章。

③ “我相信在以往漫长的年代中当然也有其他的人，但是根据文献所述，锡罗斯岛的菲雷西得斯是最早说人的灵魂永恒不灭的人。他的学生毕达哥拉斯完全肯定这个观点。”——西塞罗《图斯库鲁姆谈话集》。

④ 第欧根尼·拉尔修：《著名哲学家的生平与思想》，论泰利士一章。

博学而深受其他民族的赞美。

6. 但是其次的问题是阿那克萨戈拉及其门徒(他们从不伪称得到神的启示)是从何处得来这个新颖的观念的。根据古代的文献资料,他和赞同他的其他哲学家以及诗人和神话家们之获知这个学说,显然部分地来自波斯军队入侵希腊期间的波斯巫术师,部分地来自他们远赴埃及求学时所接触的埃及祭司。泰利士的哲学袭用了埃及祭司的思想。[①] 柏拉图在埃及待过很长时间,他的著作中有很多埃及人的学说。所有的人都承认,柏拉图关于灵魂不朽,正直和不正直的人在来世各有不同的归宿,罪的偿赎,地狱中的湖泊河流、牧场、洞穴和怪物等等的说法都得之于埃及祭司及其门徒毕达哥拉斯以及波斯巫术师。[②] 毕达哥拉斯是世界上最伟大的旅行家之一,曾与迦勒底巫术师、印度耆那教天衣派教徒[③],尤其是与埃及祭司和先知们交往接谈,并甘受割礼以求被容许聆听埃及祭司和先知的秘传学说,因为否则他们是不会向他传授的。[④]

① 第欧根尼·拉尔修:《著名哲学家的生平与思想》,论泰利士一章;亚历山大里亚的克雷芒:《基质》,I,1;优西比乌斯:《福音书初阶》,I,10;约瑟夫·弗拉维:《反阿庇欧尼》,I,1。

② 西西里的狄奥多洛斯:《历史藏书》,I,1;西塞罗:《论目的》,I,5,《论老年》,《图斯库鲁姆谈话集》,I,1;亚里士多德:《形而上学》,I,1;第欧根尼·拉尔修:《著名哲学家的生平与思想》,论柏拉图一章;昆体良:《雄辩术原理》,第1卷;亚历山大里亚的克雷芒:《对异端的训诫》;瓦勒·马克西姆:《名言懿行录》,I,8;费洛斯特拉特:《阿波龙传》,第1卷;哈伊罗尼穆斯(即圣杰洛姆):《编年史》,第2卷,特别是其致保罗的第1封信;拉克坦修斯:《圣典》,第4卷;及其他许多著作。

③ 希罗多德:《塔丽亚》;西西里的狄奥多洛斯:《历史藏书》,I,1;西塞罗:《论目的》,I,5;普林尼:《自然史》,I,36及25;第欧根尼·拉尔修:《著名哲学家的生平与思想》,论毕达哥拉斯一章;伊索克拉底:《布西雷德颂》及其他各处。

④ 亚历山大里亚的克雷芒:《基质》,V;狄奥得雷特:《反希腊人的演说》。

这里我不去谈论如奥菲斯、荷马和其他最早的诗人,他们全都承认自己编造的故事是从埃及人那里模仿来的,这从西西里的狄奥多洛斯的《历史藏书》第1卷中就可以看到。阿那克萨戈拉最早是在他二十岁时波斯王薛西斯一世远征希腊期间受教于波斯巫术师的,而且(如狄奥尼修斯·法勒留斯所说[①])就是在那些年中开始在雅典从事哲学研究的。他曾旁听阿那克西美尼讲学,而且(如狄奥得雷特和阿米扬奴斯·马尔塞利奴斯所说)也曾游历埃及。[②]由此我们可以明白地看出他关于能安排秩序的心灵的概念是从何而来的。在那个时代希腊人从巫术师那里学习了很多东西,此后这又激励了其他一些人渴望到这些国家去求知识的精湛深造。

7. 但是仍然有一个很大的疑问,即在埃及祭司、迦勒底巫术师、印度婆罗门等异教徒中间谁是这种关于精神的学说的首创者。包萨尼亚斯非常肯定地认为是后二者,他说:"我知道迦勒底和印度的巫术师是最早断言人的灵魂不朽的人;而且他们也使其他希腊人,特别是阿里斯东之子柏拉图,相信这个说法。"[③]除了包萨尼亚斯,还有一些希腊人以及某些受其影响的罗马作家,都相信迦勒底人即使不是灵魂不朽说的首创者,但至少是天文学的创造者。而且,如果事实本身还没有表明自身,我们可以提出大量的证据证明,迦勒底人(印度的婆罗门是他们的学生)[④]的全部知识和宗教,

① 第欧根尼·拉尔修:《著名哲学家的生平与思想》,论阿那克萨戈拉一章。

② 狄奥得雷特:《反希腊人的演说 II》;狄奥多·梅里顿纽特:《天文学·序》;阿米扬奴斯·马尔塞利奴斯:《历史》,I,22。

③ 《古希腊纪事》,第4卷。

④ "索利的克莱阿尔库斯在《论教育》中认为印度耆那教天衣派起源于波斯巫术师。"——第欧根尼·拉尔修:《著名哲学家的生平与思想》序言。

因而包括灵魂不朽之说和天文学，都得自埃及人。我们可以指出，马克罗比乌斯称埃及为“科学之母”，称埃及人为“哲学的一切分科的始祖，人类中最早敢于探索和量度天穹的民族，也是唯一精通神圣事物的人民”[①]，这个说法并不为过，也就是说，他们是那个时代最好的神学家。不过对灵魂不朽观念起源问题做如此追溯久远的探讨并不是绝对必要的，我们只须论及有助于我们的目的的东西就可以了。

8. 把宗教的创始归之于迦勒底人的那些人所持的唯一理由是迦勒底人以其星相学（他们首先把它教给了希腊人）而大为著名，而且到处大肆宣扬其关于神灵和恶魔、关于天使的等级体系、关于世界的末日大火以及诸如此类的观念。但是这个说法很容易被大量更古老的证据所推翻。历史学之父希罗多德说：“埃及人是最早以集会、表演和朝圣来拜神的人，希腊人就是从他们那里学来这一切的。”他援引下面的事实作为这一点的证明，即“这些事情是埃及人从遥远的时代以来惯常为之的，而希腊人则只是在不久前才这样做的。”[②]众所公认，雅典人的礼拜仪式有很大一部分来自他们的国王埃及人塞克洛普斯；他们的很多风俗习惯来自埃及的丹瑙斯及其诸女，古希腊依洛西斯城和萨莫色雷斯岛的秘密宗教仪式不过是从埃及人礼拜伊西斯和奥西里斯的秘密仪式模仿来的。[③] 尤其关于星相学，希罗多德坚持说：“埃及人首先想出了：哪

① 《农神节》，第 1 卷。——译注

② 《历史》，第 2 卷。——译注

③ Isis 是古埃及司生育和繁殖的女神，Osiris 是埃及的冥神，二者是兄妹，又是夫妻。——译注

个月和日应当属于哪个神，一个人在何日出生，就会有什么样的命运，就会有怎样的生与死；这些东西被那些酷爱诗歌的希腊人利用了。”①为此迪翁·卡修斯也说：“按照7个行星来排列日历是埃及人的发明，但只是在不久以前才传授给所有其他民族。古希腊人对此是全然无知的。”②希罗多德还向我们转述了埃及人根据他们自己最古老的记载所表示的意见，即“他们最早使用了十二大神的名字，希腊人则从他们那里袭用了这些名字；他们也是最早为诸神奠立祭坛、雕像和神殿并制作动物石雕的人。”③琉善也证实了这一点，他是这样说的：“埃及人被认为是最早对诸神具有知识的人，他们建筑庙宇，设立神殿，聚众集会。他们也是最早懂得使用神圣的名字或词语的人，最早教人神圣的话语或语言的人。但是不久之后亚述人从埃及人那里学到了关于神的学说，他们也建筑庙宇和神殿，在其中摆放神的画像，竖立神的雕像。”④这些话明确地否定了亚述人和希腊人首创宗教的说法。不过我们再仔细听听西西里的狄奥多洛斯关于巫术师所讲的话。他说：“埃及人断言，他们国家的殖民地遍及全世界。被认为是海神尼普顿和仙女利比亚之子的贝鲁斯在巴比伦国土上开拓了一块殖民地；在幼发拉底河附近定居下来之后，贝鲁斯就按照埃及人的方式为祭司授职，使其免服徭役和纳税。巴比伦人把这些祭司称为按照埃及祭司、自然哲

① 《历史》，第2卷。——译注

② 《罗马史》，第37卷。——译注

③ 《历史》，第2卷。——译注

④ 《论叙利亚女神》。——译注

学家和星相学家观察星宿的迦勒底人。"[①]这个说法又得到包萨尼亚斯的支持。他说："贝鲁斯这个巴比伦人的名字来自一个埃及人贝鲁斯，他是仙女利比亚的儿子。"狄奥多洛斯再次重复说："埃及说巴比伦的迦勒底人是他们的后裔，他们从埃及祭司那里学习了使他们享有盛名的星相学。"为了使您不致因更多的证明而感到厌倦，我们只再指出一点，即埃及人有很多机会（尤其在亚述建立君主国之前）通过塞索斯特里斯[②]及其后继者们大规模的征伐攻掠，把他们的学说在非洲和亚洲传布，甚至传到印度，其流播之广远超过后世亚历山大大帝侵略扩张之所及。塞索斯特里斯也曾到达色雷斯和欧洲其他一些地区。另一位埃及国王奈塞普索斯据说曾教授巫术师很多秘密的仪式，这在那时对君主来说并不是不值一顾的东西。[③] 波斐利告诉我们："巫术师这个社会等级在波斯人中间极有势力、极受尊重，因此希斯塔斯普斯之子大流士遗嘱要在他的墓碑上刻上一句铭文：他是巫术师的大宗师。"[④]我知道有一些犹太人和很多基督徒声称，埃及人的一切知识都是从亚伯拉罕得来的。就其所属民族而非宗教信仰而言，亚伯拉罕是一个迦勒底人，作为一个外来客，他在埃及只住了两年，而且他说的想必是一种与当地不同的语言。《摩西五经》并没有提到他很有学识，否则，如果他懂得天文学或其他任何科学，他为什么不像对埃及人那样也尽

① 《历史藏书》，第 1 卷。——译注

② 古埃及第 12 王朝的三个法老的名字，史传在他们在位期间埃及征服了亚述、米太、埃塞俄比亚及其他一些国家。——译注

③ 奥索尼乌斯：《书信集》，19。

④ 《论斋戒》，I，4。（大流士是公元前 6 世纪波斯帝国国王。——译注）

力去教导他自己的民族呢？因为犹太人是所有东方人中最粗鄙无知的；而在《使徒行传》中摩西之所以著名并非因为他遵循亚伯拉罕的教义，而是他受过埃及所有知识的教育而且在各门知识上都很优异(《使徒行传》第7章第22节)。《摩西五经》远在摩西制定律法之前就讲到了埃及人的宗教和科学，这是它们早于世界上任何民族的一个无容争辩的证明。

9. 我们在上面给了埃及人一个公道，证明他们是一切东方民族的知识的源泉，是迦勒底人和希腊人的宗教的创始者。现在，塞伦娜，我就来指出，他们是异教徒中最早明确主张灵魂不朽和由此而来的种种观念的人，例如天堂、地狱、介乎其间的空间领域、幽灵、幻影、法术、妖术和各种占卜之类。希罗多德曾久住埃及，与埃及祭司们有亲密的交往，他把个人观看、访问和调查得来的东西与道听途说的传闻审慎地区别开来，而且他比任何人都更有机会探求埃及人的古代历史和意见，因此他对这一切讲得非常明确而肯定。[①] 他说："埃及人是最早提出人的灵魂是不朽的这种看法的人。他们认为，当人的身体死亡时，灵魂就移入另外一个正在出生的动物；当它在所有地上的、海上的和有翅能飞的动物身上巡回一圈之后，就又进入一个正在出生的人。这样一个轮回的周期须三千年之久。有些希腊人利用这个学说(有的早些，有的晚些)，就好像是他们自己的发明似的，我知道他们的名字，不过我有意不提他

① "至此我所说的一切都是根据我自己的观察，判断和研究。上面所谈的则来自埃及人给我讲述的东西，我现在把它重述出来，但加上一些我亲自看到的东西。"——《历史》，第2卷99节。

们。"[1]西西里的狄奥多洛斯告诉我们他们是何人,[2]别人且不去说,从狄氏这里我们就能知道毕达哥拉斯的灵魂转世说是由何处得来的,下面我有机会还要谈到这一点。其他学说的情况也是如此。但是,如我前面已经提到的,由于希腊人关于天文学和星相学的知识大多是从巫术师学来的,就以为这些科学是巫术师发明的。由于希腊人的殖民地在小亚细亚和爱奥尼亚群岛,因此他们同巫术师相识比与埃及先知相知要快得多,一直到埃及被波斯人征服之前,乃至亚历山大大帝时代,希腊人对埃及先知们都少有所知,只是后来希腊人才大量地及经常地到埃及去旅游。

10. 色雷斯人是从他们的同胞扎莫尔克西斯那里得到灵魂不朽观念的,后者是毕达哥拉斯的仆人和门徒。他在锡西厄的那些民族中的宣讲传授非常成功,以致锡西厄人不仅从他那里学来法律和关于来世的学说,而且为了他的这些恩惠而极其尊敬他,在他死后把他当成神来崇拜。[3] 认为在来世可以使现世生活变成更美好的生活这种信念使他们在战斗中无所畏惧,甘冒最大的危险。[4]他们经常不断地受到他们的诗人们的激励,去参加高尚的竞赛,这些诗人(像古代高卢的行吟诗人那样)[5]歌颂那些在战争中牺牲生

① 《历史》,第2卷第123节。——译注

② 奥菲斯、缪斯、梅兰普斯、代达罗斯、荷马、莱克格斯、梭伦、柏拉图、毕达哥拉斯、尤多克索斯、德谟克利特、埃诺庇斯。此外还提到其他一些人。《历史藏书》,I,1。

③ 希罗多德:《历史》,I,4;斯特拉波:《地理学》,I,16;姆那西阿斯和海拉尼库斯的大词源学;波斐利:《毕达哥拉斯传》;第欧根尼·拉尔修:《著名哲学家的生平与思想》,论毕达哥拉斯一章。

④ 彭波纽斯:《美拉》,第1卷第2章第2节,以及其他多处。

⑤ 恺撒:《高卢战记》,I,6;彭波纽斯:《美拉》,第1卷第3章第2节;阿米扬奴斯·马尔塞利奴斯:《历史》,I,15;亦见普林尼:《自然史》。

命的伟大英雄们，使他们在人们的记忆中永垂不朽。高卢的德鲁伊特[①]（古不列颠的德鲁伊特就是他们的后嗣）与色雷斯人有同样的信念，他们讲灵魂转生，从希腊人那里袭用了他们的字母，或许还有他们的哲学，如恺撒所明确告诉我们的。[②] 经由当时以技艺和知识而闻名的希腊最早的殖民地马赛这个通道，这大概不难做到。高卢人可能与生活在意大利而与他们相距不远的希腊人及其宗教互有往来。他们也可能从他们的邻居日耳曼人（常常被包括在凯尔特人和高卢人的名下）得来扎莫尔克西斯的学说。但是，不论如何，卢坎[③]在其《法尔萨利亚》第 1 卷中曾这样歌唱所有那些民族：

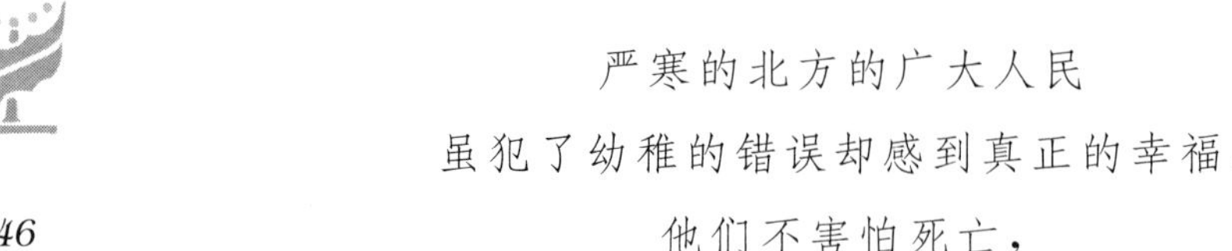

严寒的北方的广大人民
虽犯了幼稚的错误却感到真正的幸福，
他们不害怕死亡，
那一切可怖的事物中之最可怖者，
因此他们那野性的心灵永远酷嗜刀枪，
因此他们那高傲的英雄们总是以微笑面对死亡，
因此他们认为吝惜生命是懦夫的行为，
而生命一定会轮回再生。

① 古代凯尔特人的祭司或巫师。——译注

② “几乎在公共事务和私人事务方面，他们都使用希腊字母。”——《高卢战记》第 6 卷。

③ Lucan（公元 39～65），古罗马诗人，著有史诗《法尔萨利亚》（亦名《内战记》）。——译注

11. 我对灵魂不朽观念的起源虽然做了历史的追溯,但是夫人,除非我能说明埃及人自己何以不靠神的启示就能想出这样一种观念,您的问题就还是没有解决。对此我的回答是:埃及人的葬礼和使人们对杰出人物永志不忘的方法似乎很可能是引起灵魂不朽信念的原因。您知道,他们安葬死者的方法是将其尸体进行防腐处理,做成木乃伊,把它们放置在地下洞室中,在那里尸体可以保存完好,千年不朽。因此早在独立不朽的灵魂的观念之前,就已常有一种说法,认为这样的死者是在地下,由卡戎[1](专司引死者去阴间的摆渡者的名字)引领渡过冥河,幸福地长眠于极乐世界,那是在孟斐斯附近的公墓。在其他各种使人物、事件垂诸久远的方法中,最可信的是以值得纪念的人物的名字和事件的名称为天上不同的星座命名,使这些星座成为唯一永恒的纪念碑,既不会受到人或兽的亵渎,也不会因时间或气候而遭毁损。这种风俗习惯从埃及传到其他民族,诚然这些民族把各个星座的名字改变了,但还是出于同一目的赋予它们了新的名字。因此,伊西斯、奥西里斯、安努毕斯、透特等等[2]最初都是被尊崇提升为天上星宿的名字而且也是对他们的历史的阐释。苏菲斯、塞托斯、法奈斯和摩西则据说是在地下。但是缺乏思考的民众听到有学问的人经常讲某些人是天上的星宿,就相信他们最后真的是在天上,而所有其余的人死后则居于地下。因为如西塞罗所说:“死者的身体落在地下,被土掩埋,他们认为他们是在地下度过他们死后的生活。”[3]西塞罗

① Charon,渡死者过冥河到阴间去的神。——译注

② Anubis 是埃及神话中导引亡灵之神。Thovth 是古埃及的月神。——译注

③ 《图斯库鲁姆谈话集》,I,1。

指出，许多谬误的观念，特别是地狱的各种传说及其恐怖的样子就是由此信念而来的。

12. 关于上升为天上星宿的那些人的生命，待我他日有暇写到曾向您许诺的关于偶像的起源问题时会谈得更详细些。但是现在我要谈谈那些丧葬仪式，它们是关于来世的许多看法的起因，在埃及，在非洲其他地方，在整个亚洲，在欧洲许多国家，特别是希腊，都是如此。西西里的狄奥多洛斯在其极有价值的《历史藏书》第1卷中很详细地叙述了埃及人的葬礼，特别是他们对尸体做防腐处理的方法臻于如此完善的地步，以至于在许多世纪之后其形体容貌依然保持不变。他接着说："即将下葬的人的亲属预先发讣告给判官们和死者的亲友，通知其下葬的日期。在宣布死者的名字之后，他们确认他就在此时此刻渡过湖去。然后上述的40名判官聚在一起，在湖畔围成半圆形而坐，此时办理丧事的人们所准备的船就由埃及人称为卡戎的摆渡人从对岸划过来。据说奥菲斯[1]先前来埃及旅游时曾亲眼目睹了这种习俗，因此他创作的关于地狱的寓言，部分地是摹写这种葬礼的情景，部分地则是出于他的虚构。"[2]狄奥多洛斯继续告诉我们，每个人可以对死者加以谴责或为之辩护，如果他的一生被证明是很坏的，人们就会拒绝按通常的方式为他安葬。在埃及禁止举行这种葬礼，对生者来说是一种悲哀，对死者来说，则是一种耻辱。希腊人由此产生这样一种观念(罗马人又从希腊人那里得到这个观念)，即不得安葬的灵魂是忧

① Orpheus，希腊神话中的诗人和歌者。——译注

② 《历史藏书》，I，92。

虑不安的，而且不可能渡过冥河进入极乐世界。于是一个高尚的习俗被弄成了一个荒诞的神话。因此您也可以了解他们是怎样得到阴间判官的观念的，而他们把这个职务授予了希腊最公正的君主：弥诺斯、爱考士和拉达曼图斯。[①] 但是言归正传。如果有任何人虚构罪名以贬责死者，他是要受到严厉惩罚的；如果没有任何人谴责死者，那么死者就被装棺入殓，他的亲属则脱掉丧服，诵读一篇庄严的颂词，不是夸耀他的显贵或门第，而是赞扬他的教养、虔诚、公正、克己和其他品德。狄奥多洛斯对此做了更详细的叙述之后，提出了一个极公平的评论，他说："希腊人在他们虚构的神话里并通过他们的著名诗人掩盖了关系到对死者扬善黜恶的这些事情的真相；因此他们远不能通过这些方法把人们引向最好的生活，以至于他们自己都遭到恶人的蔑视，而且由于自己的愚蠢而被人嘲笑。但是在埃及人那里，赏善罚恶不是含蓄在神话故事中，而是揭示于我们的眼前，使善恶两种人每天都记起自己的本分，而且这种习俗使那里的风尚得到极好极有效的改善。"[②]稍后他在该书中列出了一系列著名的希腊哲学家和立法者的名单，他们是最早传授埃及人的学问的人；他在书中还反复谈到，"奥菲斯从埃及引进了在希腊实行的绝大部分的秘密仪式和按照埃及人的讲法来庆祝的酒神节，以及关于地狱的虚构的故事。"[③]稍后他作为目击者向我们保证道："被人们幻想为死者的寓所的草地是孟斐斯附近阿凯鲁西亚湖畔的一个地方，孟斐斯这座城市周围环绕着极其优美的草

① 希腊神话中阴间的三位公正无私的判官。——译注

② 《历史藏书》，第1卷。

③ 《历史藏书》，第1卷。

地和长满忘忧草和芦苇的树丛。说死者就住在这些地方固无不当，因为埃及人葬礼的绝大部分和最隆重的仪式都是在这里举行的，死者的遗体被船运过河和阿凯鲁西亚湖，安放在草地中已砌好的墓穴里。希腊人关于地狱的其他一些传说也跟埃及直至今天还在实行的有关殡葬的事宜是吻合的。摆渡死者遗体过河的船只被称为巴利斯，摆渡的船夫被付以价值一个奥波勒斯(古埃及银币)的酬金，这种船夫在埃及被称为卡戎。人们说，那些地方附近还有阴郁的冥界女神赫卡忒的神庙和以铜箭连缀而成的通往科塞托斯河[①]与莱塞河[②]的大门。那儿还有通向真理的大门，附近竖立着无头的正义女神像。在埃及人中间还保存着其他许多曾引起我们的神话故事的东西，它们在这些神话故事中还保持着同样的名字和表演着同样的情节。”[③]对于有关极乐世界、冥河渡夫卡戎及其摆渡酬金、死后灵魂的不同住所以及进入地狱的许多大门的那些诗意的虚构之产生，这是一个最合乎自然的解释。关于它们起源的其他一切说法都是错误的，或者显然是荒谬而靠不住的。狄奥多洛斯这位精确严谨的作者的这部整个著作都值得一读，不过我在上面所做的摘录已足以满足我的需要了。

13. 夫人，我已向您指出，关于灵魂不朽的这种观点及其结果是怎样从埃及人引进给希腊人，由希腊人传播给他们在亚洲和欧洲的殖民地，并传授给罗马人的，而罗马人的宗教和法律皆来自希腊人。我还指出了灵魂不朽说在锡西厄人、日耳曼人、高卢人和不

① Cocytus，希腊神话中的冥河之一，意为哭川。——译注

② Lethe，希腊神话中的冥河之一，意为忘川。——译注

③ 《历史藏书》，第1卷。

列颠人中间取得的进展。我也证明了它怎样从其诞生地埃及传到迦勒底人和印度人那里，又从他们那里传到世界东方的各个地方。这个学说被人们普遍地欣然接受（虽然异教徒们并不是根据其真正的理由建立这种信念的）是毫不奇怪的，因为它使人们感到慰藉，觉得有希望得到他们所最想要的东西，即在死后仍继续生存下去，因为很少有人能忍受永远不再在某处活着的想法，大多数人一般都宁愿悲惨可怜地活着，而不愿死掉。在那些不曾受过神圣启示教化的民族那里，灵魂不朽说之被人们信奉，就是这种情形。这种信念首先起于成年人，然后教给他们子孙，最后变成了全民教育的一部分（人们普遍接受的意见都是如此），因此就连学者们自己也是在尚未为这个信念提出任何理由时就相信了它。诚然，不惯于进行推理思考的普通民众之信奉灵魂不朽说总是基于信仰或根据权威的意见（他们现在仍是这样），但是哲学家们却不是这样，他们为灵魂的独立自在和永世长存提出许多可能的论证。他们设想他们自己的思想或观念是非物质的，与广延毫无共同之点；他们发现自己的意志有一种自由，自己的身体有一种自发的运动；他们看到在其欲望和理性之间有一种持续不断的斗争；他们非常重视做梦，认为有时并非在梦里他们心中对未来的危险也有某种预感；他们还看到人们有一种对知识的不可抑止的渴求，力图预见未来，热切期望享有一种永无终极的幸福。因此他们得出这样一个结论：所有这一切必然来自某种有别于物体的能够自己运动因而不朽的东西，因为物质的任何部分都是被某种外因推动的，本身具有能动性的东西绝不可能失掉运动。灵魂不朽在异教徒中间也由他们的立法者大力加以证明，虽然有一些立法者自己并不相信它；而且，

立法者看到虽然有些人是发乎本性而修德向善的，但是其他人都是因为希望得到奖赏和荣誉、害怕遭到惩罚和耻辱才不得不这样做的，因而他们更进一步采纳这种灵魂不朽说，根据所有人的情况，使他们相信，在彼岸生活中，恶人一定会因为自己做的恶而受到惩罚，尽管他们在今生今世也许能逃过法律的严惩，而善人则会得到其应有的报偿，尽管在现实生活中他们的功德应受的这种奖赏可能被不公平地剥夺了。其他一些人认为，这个论证抽象推理多于实际利害考虑，他们力图证明，对人世善恶的这样一种处理必然来自一个最智慧的存在物的仁慈和公正。关于灵魂在投附肉体前的存在，灵魂的持久存在，灵魂的本质，灵魂进入肉体和离开肉体以及灵魂肉体结合的方式和时间，他们曾有许多争论。关于这些问题，有过许多作品，提出了许多精微奥妙的猜测，但多半是荒诞、狂想而不可信的。现代哲学家在这方面并不比古人做得更成功，而且在古今哲学家中几乎没有两个人的意见是一致的。其实，在我看来，今人已不如古人那样有权自由探讨这个问题，而是应该老老实实地顺从我们的救世主耶稣基督的权威，他揭示了关于生命和不朽的真理。

14. 毫不奇怪，异教徒中建立在如此不可靠基础上的灵魂不朽观念受到了他们中的很多人乃至整个派别（例如，伊壁鸠鲁派）的怀疑和否定，而且，有另外一些派别则根本消除掉灵魂在人死后的独立存在，使之回复到尘世，在尘世中生灭。不过，在所有的派别中真正反对灵魂不朽说者是从来不乏其人的，尽管他们在日常谈话中还会迁就民众的信仰。因为正如我们从对他们著作的解读中所看到的，哲学家们大多有两种学说，或者说，一种是隐秘的学说，另一种是公开的学说，后者可无区别地传授给一切世人，而前者要非常小心地仅仅传授给其最好的朋友和其他几个能够接受它而不会滥用它的人。毕达哥拉斯本人并不相信那个使他闻名后世的灵魂轮回说；因为在其内在的或秘密的学说中，原意不过是讲物质形式的永恒循环，亦即使每一物都转化为一切物又使一切物都转化为任一物的那种永不停歇的变化更替的过程，例如植物和动物变成我们人体的一部分，我们又变成动植物的一部分，而我们和动植物又都变成宇宙间千百件其他事物的一部分，土转化为水，水转化为气，气转化为以太，如此混合交错，以至无穷。但是在其外在的或流行的学说中，他却以语义含糊的说法教训群氓，说“他们死后会变成各种各样的禽兽”，以此更有效地阻止他们为非作歹。夫人，请注意他的密友和学生蒂迈欧·洛克鲁斯是怎样说的。他说：“如果任何人要继续顽固不化，怙恶不悛，无论根据法律，还是根据那些宣称有上天的和地狱的审判的学说，他都一定要受到惩罚的，正如那些不幸的灵魂会遭受极残酷的磨难，以及爱奥尼亚诗人根据古代传说所讲述的其他一些事情。正如我们对病人可以采用任何的治疗方法，如果他们拒绝接受最佳的治疗方案的话；我们也要用虚假的道理来抑制人们的心灵，如果真实的道理不能约制他们的话。因此有必要给他们讲一讲他们所陌生的那些苦难，例如灵魂轮转说，讲胆小的人的灵魂会转入女人的躯体作为派定给他们的一种耻辱；杀人犯的灵魂会转入食肉猛兽的躯体作为对他们的惩罚；穷奢极欲之徒的灵魂会转入猪或淫羊的躯体；反复无常和自吹自擂的家伙的灵魂会转入在空中飞翔的动物的躯体；怠惰而不务正业者、愚蠢而冥顽不驯者的灵魂会转入在水中生存的动

物的躯体。”荷马关于地狱苦难的传说，我已证明是来自埃及；灵魂轮回这里被称为一种外来的苦难，因为毕达哥拉斯是从埃及祭司那里学来的。

15. 诗人们虽然以灵魂不朽说来渲染他们的诗句，但是他们大多（因为他们并非全都思想一致）完全拒绝接受这个观点。我可以拿他们自己的话来证明这一点，例如塞涅卡[①]下面的话绝不仅仅是他一个人的想法：

一死皆无，死即是无，
死不过是一段短暂行程的终极目标；
死可使圣徒们失去进入天堂的一切希望，
死可使有罪者摆脱掉对地狱的极度的恐惧。
但是死后你安知在哪儿？
我们甚至也不知未出生的婴儿何在。
我们消失在黑暗和吞噬一切的时间中。
死使我们的躯体衰竭，最后将它消灭；
死也不会把我们的灵魂放过。
地狱的深渊和森严可怖的主的那些黑暗王国，
以及守卫着严密封锁的大门的刻尔柏洛斯，
这一切都不过是无聊的故事和空话，
不过是令人堕入噩梦的神话。[②]

---

① Seneca（约公元前5～公元65），罗马哲学家和政治家，晚期斯多葛派的代表人物。——译注

② Seneca的悲剧作品《三尖刀》第二幕合唱曲。

对于诗人们之持有不轻信灵魂不朽之说的态度，我能找到的最好的理由是他们从自己关于灵魂来世命运的虚构所得到的感受：因为他们中间几无一人相信他们对极乐世界所做的那些令人心醉神迷的描绘，也无人相信他们关于恶人当受苦难折磨的那些虽有文采然而极端可怖的故事。维吉尔，这位最精确而且多产的描写地狱的作家，当他想到伊壁鸠鲁时，也不能不对下面的哲学思想表示赞叹：

> 能够认识事物的原因，
> 敢于把一切恐惧、
> 无情的命运和地狱之河的狂涛
> 都踩在脚下的人
> 是多幸福啊！

如果我要把荷拉斯、尤维纳尔和其他作家讥讽嘲笑有关地狱、鬼魂之类故事的那些段落都引证出来，那就会没完没了了，不过高尔尼琉斯·塞维鲁斯在其描写埃特纳火山喷发的诗篇中已经把他们共同的想法表达出来了，虽然他是以比较严肃的态度说的：

> 我们的一切谬误
> 大都来自悲剧的场景。
> 诗人们在诗句中而不是在幻想中
> 看到了在地下飞行的黑色的虚幻的精灵，
> 和死后冥王普卢托的阴暗之域。

诗人们杜撰出冥河和冥犬，
又有卑鄙可耻的梯泰乌斯[①]
舒展着身子在七亩地上；
可怜的坦塔罗斯[②]啊，
就是他们用饥饿和干渴无情地折磨你，
米诺斯和爱库斯[③]啊
就是他们对那些颤抖的灵魂
宣布你们庄严的判决；
就是他们转动着伊克西翁[④]的永不停歇的轮子，
并且捏造了所有其他地下阴间的故事。
但是光讲也还不够，
他们还要窥探神意，
大胆地瞥视他们永不可及的天堂。

您或许觉得最后一行诗句把他们排斥在天堂乐园之外，是太不仁慈了，但是，且不说他们就应该因其那些对真理有害的虚构受惩罚，而且这点儿惩罚并不过分，因为他们总不会对他们自造的地

① Tityus，希腊神话中的一个巨人，为宙斯和艾拉拉所生之子，因侮辱女神被罚入地狱，永远有两只鹰啄食其肝。——译注

② Tantalus，宙斯之子，因泄天机，被罚立在深及颈部的水中，但有水不能饮，有果不能食。——译注

③ Minos，宙斯和欧罗巴所生之子，为克利特岛之王，死后为地狱三大判官之一；Aeacus，宙斯和爱琴娜之子，死后为阴间三判官之一。——译注

④ Ixion，希腊神话中塞萨利王，因追求天后赫拉被宙斯罚入地狱，缚在火焰轮上旋转受苦。——译注

狱感到非常恐惧吧。

16. 但是，否定灵魂不朽的人，不论是诗人还是哲学家，他们的理由几乎全都包括在老普林尼《自然史》第7卷中的一小段话中了。他说："在人体被埋葬以后，关于死者的灵魂有种种的猜测。但是所有人的情况在其生命的末日之后和其初生之前都是一样的；死后正如初生之前一样，肉体或灵魂都没有任何意识。然而，有生命的人出于自负要延长寿命至来世，给自己虚构了一个在死亡的时刻产生的新的生命。有些人赋予灵魂以不朽性，有些人讲灵魂的转世，其他一些人承认已入地狱的死者是有意识的，而且对他们的鬼魂顶礼膜拜，把那现在已不复是人的人当成了神。就好像人的生活方式根本不同于所有其他的动物；对于可能享有更长久生命之物，似乎没有人不想赋予其以类似的不朽性。但是究竟什么样的肉体才具有独立的灵魂呢？它是由什么质料构成的呢？它的思维寓于何处？它如何视？它如何听？它以什么手段去触摸？它能做什么？若没有这一切，它又有什么用？哪儿才是它的所在？在如此漫长的岁月中，当有多少数目庞大的灵魂和鬼魂啊！这些都是安抚儿童的诱人手段，是生命有限的凡人会无限地生存下去的幻想故事。认为人的身体死后会保存下来的幻想类似于德谟克利特所言死而复生的幻想，而德谟克利特自己就没有再活过来。但是认为人死后能够重生，那是何等惊人的疯狂的想法啊！如果灵魂在天上活着，鬼魂在地下有知，那么终有一死的凡人们何时才能得到安息呢？说实在的，这种奢望和轻信毁掉了死亡（死是大自然赋予我们的最主要的福祉）的益处；而且使垂死之人感到加倍的痛苦，如果他还在挂怀着自己的未来境遇的话。因为如果活

着是一种快乐，那么谁又会仅仅为自己曾经活过而感到快乐呢？但是是否每个人都那么轻易确信自己的经验，根据对自己出生前的情况的思考得出其可靠的理据呢？”[①]这就是那些一直在谈论他们不知其为何物之物的人们的论证，他们对灵魂的由来有一些错误的观念，对灵魂和肉体的联系一无所知，对灵魂的本质只有一些模糊不清的猜想，因此导致他们对灵魂的独立存在产生怀疑，从而否定了灵魂不朽。但是尽管人们自己想的可能有错，上帝却不可能撒谎，他所启示给我们的东西，虽非事事都能为我们所理解，然而必然都是真实而绝对可靠的。信仰者们有一个很大的优点，就是他们对一件事物的本性可能与他人同样无知，但是他们对此事物的存在却可有最大的确信，并利用这一有益而方便的发现。

17. 但是上面所述已经超出了我的单纯历史家的计划，况且您，塞伦娜，不需要任何解毒剂来对付一个比普林尼更有能力的敌手的毒药。我曾向您坦言我对于异教徒如何获得灵魂不朽观念的看法以及我为此提出的理由。如果我把这个学说的发明也像星相学和大多数其他科学一样归之于古埃及人，那绝不是出于对一个已然式微的民族（尽管它曾有过如此之高的学术、智慧和教养）的任何偏爱，而是历史的证据使我得到这样一种深切的信念。在古代的迷宫中漫游，我不会被怀疑为出于偏爱或忧虑，利欲或报复心。如果我把奈塞普索斯（Necepsos）说成是占星家之王，这不能认为我是在奉承他；我来到这个世界上实在太晚了，绝不敢希冀从塞索斯特里斯那里获得任何酬报，但我认为，他远远超越了古代所

① 普林尼：《自然史》，第7卷第56章。

有其他的英雄和征服者。当我着手研究这个课题时，除遵从您的懿旨之外，我为自己提出的唯一的目的就是发现真理，而您的懿旨，夫人，将永远比世间一切君主的圣旨为我——您的最恭顺最忠诚的仆人更欣然谦恭地聆受。

第三封信

偶像崇拜的起源和异教产生的原因

1. 夫人，我觉得把自己关于偶像崇拜的起源的一些想法披露给您，有双重的责任，一是我曾向您做过口头的承诺，二是在那之后我在给您的信中已经谈及异教徒的灵魂不朽说。但是您不要期待我会讲述所有古代的迷信观念（那要写好几卷书）和任何一种宗教。我只是要尽力指出人的理性何以堕落到如此地步，竟至认为神也有等级高低，并指出对诸多神祇的崇拜最初是如何传给世人的，以及究竟是什么东西使得人们对自己的人类同胞（不论是在尘世还是在天上）表示神圣的崇敬之情。然后我要根据普遍确定的原则来说明异教徒的神话故事，指出他们的寺庙、僧侣和祭坛的起因，指出他们的画像和雕像，他们的神谕、献祭、节日、赎罪，预卜天罚的占星术，鬼魂和幽灵以及某些国家的守护神产生的缘由，指出一些民族何以相信天堂在我们上面，地狱在我们下面，以及在希腊罗马作家那里常常看到的诸如此类的信仰。虽然我可以毫不费力地明白证明，如阿米扬奴斯·马尔塞利奴斯所说，在埃及"人们远在其他民族之前最早具有了种种宗教信仰的萌芽，而且在他们的神秘著作中隐藏和保存着神圣宗教仪式发端的历史"；[①]但是我不

① 《圣经·旧约》传道书，第七章第29节。

会令人厌烦地重复在上一封信谈论灵魂不朽说历史时根据希罗多德、狄奥多洛斯·西库络斯、琉善、迪翁·卡西乌斯、马克罗比乌斯及其他权威的著作为此所做的那些论证，我也不会根据《摩西五经》中的事例和律法坚持说魔法、占梦、星相学和招魂术远在迦勒底和其他任何地方的人知道以前就已在埃及实地施行了。

2. 最早的古埃及人、古波斯人和古罗马人，最早的希伯来的教长以及其他一些民族和部族还没有神圣的画像或雕像，没有专供礼拜的地方和奢华的仪式，他们的宗教平平常常，轻松快活，最符合于神圣本质的单纯性，对时间、地点漠不关心，随遇而安，是神的无限力量和无所不在的最好的表达。但是，如最智慧的以色列王所说："上帝虽然把人创造成老实正直的，但是他们自己却寻出许多巧计。"[①]而且当一个人一旦让自己被诱入那些有危害的恣意妄为的习俗中，他就会越陷越深，任何理由都不可能使他止步，除非有足以抵抗这一切邪风恶习的同等的力量。我相信我不难证明，最早设计残害人类自由的那些人也就是最早败坏人类理性的人。因为任何具有健全理智的人都不会心甘情愿地被说服放弃他的自由，那使用强力去剥夺他的自由的人必曾收买或哄骗很多很多人来支持其不正当的奢求，借以增强势力，从而可以诱惑、威吓、驱使他人。因此，人们在很早以前就已获有关于上帝本身的概念，正如他们此前已有关于人世君王的概念一样，看来这不是不可能的。人们把上帝想象为变易无常的、爱妒忌的、有报复心的、专横霸道的，于是竭力向他乞恩求福，就像他们对那些自称是上帝的代

① 阿·马尔塞利奴斯：《著作集》，第22卷。

表或代理总督，甚至是诸神本身或者下凡人间的天潢地胄献媚邀宠一模一样。而这是古代的君主们一向惯于干的事情。

3. 从久远的文物古迹来看，一切迷信最初都与对死者的崇拜有关，主要源自丧葬仪式，而其原始的动机可能是完全纯朴无害甚至是真情可嘉的，这种丧葬仪式不外乎是一些临葬悼词（有时是对死者本人说的，例如埃及人赞颂死者的演说）或者为了纪念死者而立的雕像。但是把伟人奉为先祖的那些阿谀奉承之徒，亲属和朋友们的哀伤逾恒的深情厚谊，异教徒祭司们利用单纯民众的轻信捞取利益，这一切使情况变得愈加严重。不仅国王和王后，伟大的将帅和立法者，学界泰斗，各种奇妙艺术的倡导者，有益发明的创造者，享有这种尊荣，而且那些以其道德崇高的行为而名显于众的黎庶平民也常常被其国家和宗族奉为神圣而享受人们虔诚而永恒的纪念，既作为对死者的尊重，也作为生者的楷模。一切民族都有其本族的守护神，真正的原因就在于此（我们将在适当的地方予以说明）；由是而产生出各个氏族的特殊的宗教礼拜（Sacra Gentilitia，氏族祭祀）。普林尼在其《自然史》第 2 卷中说："人们对自己的恩人表示感谢的最古老的方式是在其死后将他们神化"（西塞罗和其他一些人在普林尼之前也有此看法），又说："诸神和众星的不同名称源自值得赞扬的人的行为。"因此，最初的偶像崇拜并非如通常想象的那样来自星辰之美或星辰之秩序或星辰之影响，而是如我在谈灵魂不朽的历史的那封信中对您说的，乃由于人们看到书籍会被火焚，被虫蛀，变腐烂，铜、铁、大理石也不免于人手的粗暴相待和遭受风吹雨打，天时变化的摧残侵蚀，因而他们要以自己的英雄人物或历史上值得纪念的事物为星宿命名，因为唯有星宿

才是永恒不朽的纪念碑。昔勒尼派的埃拉托斯梯尼，这位对各门科学都博学多知的古代哲学家，写过一本论星宿的书，讲述众星宿得名的由来，这些名称都与古代历史有关，因时间久远而被掩盖了，而且大多只是神话传说。大学问家勒克莱尔在写《百科历史文丛》第 8 卷关于神话学的论文中埃拉托斯梯尼著作的概要时，写了下面一首短诗：

在遥远的古代，大自然的威力
肯定会将铜铸石雕的纪念碑毁损殆尽，
上天的永恒之火
已经明智地将古代自身的历史传给未来。

在另外一些地方他声言自己对星宿的命名持有同样的看法，并在该刊以此原则解释了一些神话。由于各个民族互相仿学这种风俗习惯，于是他们对各自的天宇图做了相应的改变，分别赋予这些天体以本国英雄的名字和事迹。拿希腊人和蛮族的天宇图比较来看，这是很明显的，正因此故，克里特人认为，“大多数的神都生于他们中间，这些神就是那为社会造福而赢得不朽的荣誉的人们。”因为他们相信希腊的神就是全人类的神，而不知道在他们这样做以前很久其他地方的人就已用这种方法为星宿命名，将具有丰功伟绩的人神化了。在基督徒中间也不乏其人，他们赞许这种方法，但是力图消灭那些异教徒的名字，因为那是我们所不理解或与我们无关的，于是他们从旧约和新约的历史中找出一些新的名称赋予星宿。但是既然这并不能令天文学家们信服，我们也就无

须谈论它。最后，有些人不知道或耻于知道星宿崇拜这类事情的真实原因，就从日月星辰的无限而有规律的周转、美妙的光辉和普遍的效用中为自己的这种崇拜寻求根据。这也为哲学家们提供了一种口实，要以某种居住在行星上，不断导引其行程的天神（intelligences）来解释行星的运动，因此日月等天体被描绘得像一张有眼有鼻有嘴的面孔。

4. 十二火神的观念来自与黄道十二宫图有关的传说，正如七颗行星带有七位神人的名字，一个星期之分有七天也是为了向这七神献祭，不过按照这些神的性情和品格，这七个日子或是神圣的，或是吉祥的，或是幸运的。因此埃及人将时间分为月和星期以及他们希望凭借星宿而永存不灭的传说使异教徒产生了那些最显要的神。由此而极自然地产生了最初的昭示上天审判的星相学，因为如您在下面将会看到的，人们相信那些神和他们的祭司们是交相感应的，他们认为祭司既能预测日蚀月蚀，也能预卜任何其他的奥秘，所以他们要将其所惧所望的一切都向祭司们求教问卜。人的心灵在希望和恐惧之间忽忧忽喜、彷徨不定乃是迷信的主要原因之一。由于无法预见对他们生死攸关的事情，他们此刻希冀最好的前景，下一刻又担心最坏的遭遇，这就很容易使他们不仅把过去在他们身上发生的幸运或不幸的任何事情都看作一种吉兆或凶兆，而且对任何告诫都听信不疑，要向占卜者和占星家求问休咎。患病的人也是这样，他们常常宁可向一个巫师求医问药，而不肯到良医处就诊，宁可相信荒诞不经的妖术符咒，而不肯接受最好的医药治疗，如普林尼所说："巫术本身（就这个词的最坏的意义而言）无疑起源于医学，它妄称提供了更好的疗法，有更高妙更神妙

的医术。除了甜言蜜语迷惑人的许诺之外，巫术还得到宗教（人类总是很容易受宗教的挟制）和数术（即占星术）的合力支助，因为人人都渴望知道自己未来的命运，而且相信肯定可以从天上获得这种真知。由于用这三道绳结把人的理智牢牢束缚住，巫术的力量竟达到如此惊人的地步……”[①]除了以异邦粗野的言语和符咒表达宗教的影响，以及以星宿的感应力和神明表达占星术的影响之外，巫师们也有一些表面看来并非毫无理性根据的做法，例如他们利用某些药草、石头、矿泉水及其他一些极难弄到而唯有他们自己晓得的东西的隐秘的医疗功效给人治病。我在前一封信中已经证明，埃及人是占星术的发明者，虽然西塞罗（他是希腊人的学生）倾向于把占星术归之于亚述的迦勒底人的创造，但是听一听这位哲人如何谨慎地谈论此事还是值得的。他说：“迦勒底人（不是就其职业而被称为迦勒底人的那些人，而是指迦勒底民族）由于经常进行对星辰的观察，被认为建立了一门科学，根据这门科学可以向每个人预告有什么事情会在他身上发生，他生来的境况际遇如何。从古以来，埃及人也被认为在遥远的年代以前就已经有了这同样的技艺。”[②]

5. 我既已说明了巫术和占星术，那么在进一步论述之前，我要略费笔墨说一说许多民族何以在祈祷时眼光向上，相信天堂在自己的头上，而地狱在自己的脚下。我也要指出产生鬼魂幽灵观念的原因。因为所有这些东西与偶像崇拜的起因有同一共同的根

① 《自然史》，第 30 卷。
② 《论占卜》，第 1 卷。

源，即都来自古人安葬死者的仪式。在谈异教徒的灵魂不朽观念的那封信中，我曾向您说明人们如何逐渐地相信了有人生活在星宿之上，现在我则要向您指出这些被认为生活在星宿之上的人物如何上升为具有崇高尊严的神的地位。由此您就不难理解，人们在祈祷时何以要抬眼仰望、举手向天，指向他所注视的在自己之上的诸神。根据同样的丧葬仪式，人们相信地狱是在自己的下面，既是善人的居所，也是恶人的住宅，不过各自所处的地点和状况有所不同而已。这是因为所有各类人等都要同样被埋葬，但只有极少数被认为超升天上的人才被崇奉为神。然而，真正说来，在宇宙间实际上既没有上，也没有下，既没有右，也没有左，也无所谓南北东西，这些都不过是抽象的概念，表示个别物体彼此间的关系及其相对于我们的不同位置。关于鬼魂和幽灵的幻想同样来自埃及的木乃伊，这些木乃伊不仅长久地完好保存在孟斐斯附近的墓穴中，而且也被很多人保存在家宅的精美房舍中。不论其是否总能保持外状的新鲜，还是随着时间的流逝而悄然变形，木乃伊都自然会给儿童、陌生人和无知的民众造成可怖的印象。最古老最普遍的安葬方式是土葬(humation)，即将整个尸体置于地下，据说雅典人就是从埃及人那里学来了这种葬仪，而您知道，罗马人却一向有火葬死者的习惯。然而正如西塞罗审慎指出的，他们并不因此而摆脱了鬼魂幽灵的观念。因为土葬同样是他们最古老的一种葬埋死者的方法。他说："谬误的观念是如此有力，以至于他们虽然知道对死者的尸体可实行火葬，但是他们仍然想象死者要被转移到阴间地府去加以处置，若没有死者在那里，阴间处置之事是既不可能有也不可理解的。因为他们心中不可能产生灵魂离开肉体独立自存的观念，所以他们要为灵魂想象出某种人的形象或外形。在荷马那里凭死者进行占卜符咒的活动盖源于此；我的朋友阿庇乌斯搞的那些召魂问卜的仪式亦源于此；我们邻居关于阿弗诺斯湖的故事[①]也由此而来，

> 鬼魂在夜间就从那里飞出，
> 幽深无比的地狱之门
> 对虚幻的人体即死者的幽灵敞开着。”[②]

6. 因此，夫人，您看到他们对于地狱是如何地关切；事实上在异教徒的天堂里住的全是来自我们尘世的移民。西塞罗在《图斯库鲁姆谈话集》第1卷中大胆地说道：“难道天堂里不满是人类吗？如果我要费力研究一下古人，特别是希腊作家们，就会发现那些所谓主要的神都是从地上移到天上去的。若问那些坟墓是什么人的，他们就指着希腊。请记住（既然那是说给你们听的）在举行秘密宗教仪式所讲的东西，你就会明白这种事传播得有多么远。”[③]我们不仅在埃莱夫西斯[④]的秘密仪式中有此发现，因为埃及人的那些秘密仪式也以国王奥西里斯和王后伊西斯之死暗示他们升天成神了；更不要说叙利亚人敬奉阿冬尼斯及其他诸神的仪式了，大

① 阿弗诺斯（Avernus）为意大利那不勒斯附近由死火山口形成的一个小湖，是古代神话传说中的地狱入口处。——译注

② 西塞罗：《图斯库鲁姆谈话集》，第1卷。

③ 西塞罗：《图斯库鲁姆谈话集》，第1卷。

④ 古希腊阿提卡西北部的滨海城市，以信奉色列斯女神而著名。——译注

卫王非常恰当地把这种仪式称为对死者的祭祀。一般地说，西塞罗在其他地方关于埃莱夫西斯、萨莫色雷斯[①]和莱姆诺斯[②]所说的话也适用于所有的秘密仪式，他说："根据理性来解释和还原这些仪式，事物的本性比神的本性能更好地得到认识。"[③]古代西西里岛的一位诗人和哲学家攸赫梅鲁斯写过一部关于农神萨杜思、主神朱庇特及其他诸如此类的神的历史，描述了他们各自的出生、家乡、活动和葬地；正如普卢塔克所说，"他把神人化了"，不是把神变成人，而是把神还原为人，如其本来的样子。但是他们并不满足于死者的神化，而是要赋予被神化的死者以他们生前在尘世具有的同样的嗜好和职务，正如诗人维吉尔对已在阴间的战士们歌颂的那样：

铿锵刀剑鸣，铁甲披战衣，
秣马丰草地，飞奔驾长车。
昔日英风快慰事，
今犹魂牵黄泉里。[④]

赫西俄德的话也正好与我们的想法一致，他把黄金时代的幸福人类描写得犹如最古老的君主，他们在天上仍享有原先所有的权力，像在尘世中那样分配财富和荣誉。

---

① 爱琴海北部的岛屿，古希腊人在此举行对卡比里众神的祭祀。——译注
② 爱琴海北部的一个岛。——译注
③ 《论神性》，第1卷。
④ Aeneid（埃涅伊特），第6卷。

按照伟大宙斯的旨意，
他们现在成了神灵，
成了世间凡人在天上的善良的守护者，
注视着世人的一切善行与恶行，
他们凭虚驭气，
遨游乎大地之上，
将财富和荣誉给予其宠爱的人，
因为他们仍然保留着自己的君权王位。[①]

正如我们从斯特拉波[②]那里知道的，古代埃塞俄比亚人也出于同样的动机“相信他们的恩人和那些出身皇室贵胄的人物都是神，毫无疑问仍在天上向他们施惠和保护他们，犹如他们昔日在尘世所作的那样。”[③]

7. 夫人，我并不断言，异教徒关于死者的这些虚妄的观念是偶像崇拜的唯一的起源，但是我认为它是首要的、最自然的、最普遍的而且也是引起所有其他迷信的原因。这种过度的崇敬逐渐地转移到了别的事物上去，因为那些事物被看作是神的赐予而且具有自身固有的卓越之处。西塞罗说：“诸神们有许多其他的特性，这由最有智慧的希腊人和我们的祖先所确定和命名（这样做大有好处，所以不无理由）。因为他们认为凡是能给人类带来巨大利益

① 赫西俄德：《劳作与日子》。

② Strabo（公元前63～公元20），古希腊地理学家和历史家。——译注

③ 《地理学》，第17卷。

的东西，没有神对人的恩赐是不可能创造出来的。"[①]但是他们的这种观念并不限于外间世界的那些有益的事物，也不限于天体，而是把这种神化的特权也扩及于心灵的组织及其功能和力量。因为，按照西塞罗所说，"这种具有某种巨大价值的事物本身被他们名之为神，甚至这种珍贵价值本身也被称为神，例如忠诚、理智等等"，[②]于是美德、荣誉、安全、和谐、贞洁、自由、胜利、仁慈、虔诚以及诸如此类的价值就被神化了；他又说："在所有这些事物中，由于具有如此巨大的价值，以至于没有神是不可能掌握的，因此这些事物本身就获得了神的名字，例如，丘比特（Cupid）是情欲（cupido, desire）之化而为神，维纳斯（Venus）是爱情（venus, love）之化而为神。"[③]无疑地，当聪明善良的人们看到，人民需要有诸多的神和供奉他们的庙宇，为了使人民的这点软弱的要求能够如愿，同时尽可能使人民的思想更良善更崇高，他们就将这样的一些事物神化了。由此就可以理解，有许多事物并不具有人格的形式或存在，而不过只是一些特性、样态或偶性，怎么会也被神化了。关于这一点（这是以前在罗马经常做的一件事），西塞罗在《论法律》中指出，"人因其之故而获许升天"的那些事物都应被尊称为神。他说："人们将理智、虔诚、美德、忠诚加以神化，是很好的，在罗马它们都在庙宇中公开供奉着，那些具有这些品格的人（所有道德高尚的人都具有这种品格）可能认为那是神亲自把它们放进他们心中的。"[④]

① 西塞罗：《论神性》，第1卷第2章。
② 同上。
③ 同上。
④ 西塞罗：《论法律》，第1卷第2章。

8. 但是迷信的人们把天上地下的一切事物统统歪曲了，因此在这种情况下，不能不将最恶劣最讨厌的东西也神圣化了，上引这位作者[①]对此曾公正地加以斥责。雅典人有一对美丽的仙女：傲慢无理和厚颜无耻，罗马人则有其崇拜的女神：恐惧与希望、苍白和战栗。害人的疟疾有它的神坛；有无数凶神不仅掌管着各种最污浊的恶病，而且甚至操纵着极端野蛮下流的行为。埃及人除了崇拜天上诸神即日月星辰之外，还对大地有一种象征性的崇拜；他们对几乎一切种类的（包括最卑微低劣的）动植物都赋以神圣的力量，表示一种宗教的崇敬。不过埃及各地所崇敬的动植物种类并不一致。至于埃及人这种崇拜的理由，或者因为这些事物是有用的，或者因为各个神祇在某一物种身上比在另一物种身上更显现其特有的力量，或者诉之于来自道德哲学或自然哲学的某种寓言。普卢塔克说："在他们神圣的仪式中，没有任何事物是没有理由的（如有些人所想象的那样），它们或者基于神话传说，或者来自迷信；不过有些事物具有道德和实用的原因，有些事物则不乏某种历史的和哲学的典雅。"[②]西塞罗赞同这个说法，他说："即使是备受讥笑的埃及人也并非将任何禽兽都奉为神圣，而只是把那些能够从它们身上得到某种好处的动物神化了。"[③]这种象征神学使得一些博学之士相信所有其他的异教徒的宗教都可以而且应该做如此的解释。但是在做出我自己的解释之前，我先要证明这个看法是一个很大的错误。诚然，埃及人的这种动物崇拜比所有其他的民

① 指西塞罗。——译注

② 《论伊西斯和奥西里斯》。

③ 《论神性》，第 1 卷第 1 章。

族走得都远,因为他们不仅崇拜鹤、鹰、猫、狗、鳄鱼、海马、山羊、公牛、母牛、洋葱、大蒜等等,而且"他们还崇拜安努毕斯城的一个人,在那里人们向他献祭,在圣坛上焚烧圣物。"[①]这是波斐利的话。

9. 在其他国家,有些人对四大元素[②]和人体的某些部位有一种哲学的崇拜。罗马城和另一些城市被提高到女神的尊崇地位。许多人由于害怕自己有过错而触犯了未知的神,因而建造神坛来祭拜它们。[③] 罗马人慷慨地容许所有其他民族的神都归化为罗马的神,对这些神顶礼膜拜,而这些神已不可能保护本民族昔日的信徒免遭罗马武力的统治了。然而这毋宁说是一种良心上的政治自由,而不是任何真正的宗教虔诚的结果。从这一切显然可见,神不仅在数目上和尊严上无限地超越了人类,而且尽管迷信不受任何限制,但是一切偶像崇拜都来源于人们关于死者的观念和行为。不过,在我看来,没有什么比将神性归诸机遇偶然更荒谬的了,机遇是与一切秩序、理智和设计不相容的。人们在运气的名义下专门为机遇建造了庙宇,一个庙宇供奉着好运气,另一个庙宇供奉着坏运气;在接受人们神圣崇拜的同时,机遇又被赋以一些极具侮辱性的称呼,称它为盲目的、反复无常的、动摇不定的、道道地地的大恶,舍至善如弃情人者。正如在下面将要看到的,这些东西是间接引进和编造的,但全都是起于和基于对死者的崇拜。

10. 我远没有打算把能证明自己关于偶像崇拜起源的观点的

① 波斐利:《论斋戒》,第 1 卷第 4 章。

② 指水、火、土、气。——译注

③ 第欧根尼·拉尔修:《埃庇门尼德》;帕萨尼亚斯关于阿提卡的著作;琉善:《爱父亲的人》。

全部论据都提出来，但是我不能不举出一个可以表明人性之极端狂纵的例子。广大的基督徒几乎将苏格拉底当作为一神信仰而死的殉道者，而异教徒则认为他的罪过是在于传入了国家所不允许的其他的神，不过这两种主张都是错误的。因为苏格拉底至死都坚持其本国的宗教信仰，认为任何个人都不应脱离现存的社会体制，他虽然可能只相信有一个神，但这并不是他的控告者和审判者所指责他的那些罪行之一。不论这样那样的人对他的看法如何，似乎很难相信这位温柔敦厚的长者、这位哲学之王、这位最杰出的心灵医生在他死后会获得神圣的荣光，会为他建一座庙，会有一道以他的名字命名的圣泉。诚然，我们读书得知，雅典人悔恨他们对苏格拉底的不公正的判决，承认他作为楷模的价值，为他立了一座雕像永远纪念他；我们还知道(那是很自然的)，苏格拉底的赞美者们庆祝他的诞辰，在他们的戒指和印章上装饰着宝石镶嵌的苏格拉底头像。但是这种崇敬最终导致宗教崇拜。普罗克洛在雅典的弟子和传人马林奴斯写了一本他的老师的传记，谈到他所熟知而我也知道的一位圣者(我那个教区的教堂就是供奉他的)的事情。这个马林奴斯叙述了普罗克洛在柏拉图学园中遇到的那些吉祥的预兆："当普罗克洛来到波劳姆港的时候，尼古拉斯(他后来成了著名的演说家，当时正在雅典从师学习)像对自己的熟人那样到港口去迎接他，作为他的同乡来接待他，留他住宿。因为尼古拉斯也是利西亚人，于是他就把普罗克洛带进城来了。但是普罗克洛由于旅途劳顿感到疲倦，在往苏格拉底庙的路上坐下来休息了(此前他从不知道也未听说过苏格拉底在附近任何地方被人们如此崇敬)，并请尼古拉斯也坐下来歇一会儿，如果可能的话也请他弄点水来

喝。尼古拉斯听从他的要求，立即命人把水送来，这水并非来自他处，而就来自那同一块圣土。因为苏格拉底雕像下有水泉，就在不远处。当他正在饮水之际，尼古拉斯恰好想到这，就对他说，他能在苏格拉底庙这儿坐一会儿，能第一次喝上阿提卡的水，乃是一个吉兆。于是普罗克洛站起来，向苏格拉底敬拜，继续前往雅典城。"[①]在这里您可以看到一个极好的例子，说明对死者的崇敬最终会变得多么极端，我之选择这个例子不厌其详地讲给您，是因为这种对死者的神化崇拜本来是最不可能发生在苏格拉底身上的（然而却发生了），虽然他比其他任何人都更值得人们崇敬。

11. 塞伦娜，如果我要援引我能够提出的一切权威文献来证实我的观点，那就要说得没完没了了。凡是熟悉古代知识、研究过古人留下来的关于其自身起源和其他民族由来的传说，尤其是古人讲述自己的神及其被神化的缘由的作品的人，对此不可能还有任何怀疑。但是我们可以看到，任何民族在文明礼貌、文化修养和政府治理方面越进步，在造神（God-making）上的不恭不敬的情况就越少。举一个例子，罗马人将罗穆卢斯（Romulus）神化为自己的第一个国王和（罗马城的）创建者；但是在他们的共和国存在的千百年间没有任何一个有死的凡人被神化，尽管其中确有在美德、知识和勇武上比世上其他地方的人更值得崇敬的典范。然而，他们的自由共和国一旦变为君主专制，最初的几个皇帝就被神化了；例如尤利乌斯·恺撒这位罗马人自由的颠覆者，后继的那几位最残忍、最淫乱、最愚蠢的暴君以及他们的一些王后嫔妃、皇亲贵戚、

① 《普罗克洛传记》，第10章。

宠嬖幸臣，都被神化了。在这一点上，他们是效法野蛮民族帝王的习惯做法的，这些帝王们就是靠这种手段使其臣民永世受其奴役，而不敢对这些神们或者说这些被上帝选定必然成神的人们造反。历史最清楚不过地告诉我们，埃及人、亚述人、最早的古希腊人和其他民族的人，在其君主死后即给予他们以神圣的尊崇。他们的王后、兄弟姊妹和其他亲属也都被造成神或女神。对后世君主来说，坚持其具有与常人相殊的高贵血统，永远是至关重要的。不特此也，有许多君主，包括奥古斯都，甚至在生前就享受了人们的神圣崇拜。普卢塔克（还有其他一些作者）讲，波斯的一位大臣对当时避居在波斯朝廷的流亡者泰米斯托克勒斯说："我们的许多良好的法律中，最好的就是要崇敬君王和崇拜神的形象。"[①]众所周知，奥斯曼帝国的皇统被崇奉得如何神圣；但是如我们看到的，这并不能平复其桀骜不驯的近卫军和深受残害的臣民的暴戾狂怒之气，而永葆其万世一系的统治。近来某些基督教国家的国王自诩有神授之权，那些阿谀谄媚的教牧之徒则妄称臣民对国王应无条件地消极地服从。这纵然不是比异教徒的做法更方便有利的维持专制的手段，但其目的和意图则是一致的。但是人们变得愈是聪明，他们就愈少相信这些东西。反之，人们愈是密切地注视他们的君主，人们就愈加嫉妒他们的自由和特权。宗教和理性被仇视为迷信和谬见的障碍；西塞罗曾提到，在他那个时代，有些传示神谕者已不复应答，因为人们已逐渐愈少轻信了。

12. 既已说明和确证偶像崇拜的起源，那么，夫人，我现在就

① 普卢塔克：《泰米斯托克勒斯》。

要按照这些原则给出异教徒宗教仪式的理由，如果您允许我把这些仪式的任何理由（在许多情况下是极其荒唐怪诞的）都说出来的话。人们想要讨好自己的神（不管他是众神中的哪一位神），正如此神还在世间为王时他们就惯于讨好他那样，为神修建富丽堂皇的庙宇和宫殿，在华美的供桌和圣坛上布置圣餐，向神献祭。人们想象，神及其宫廷（主要由死去的英雄们组成）就是以动物牺牲的血与气为食，他们的神鼻以吸入祭祀香火的香气为快，他们的神眼以目睹蔚为壮观的教堂祭典为乐。所有的祭典仪式都与死者生前的权位与尊严相符合。为了举行盛大的祭典，人们规定有庄严神圣的节日，届时日常工作一律休假。后来被人们称为祭司的那些人的职责就是指挥祭典，接待参加祭典的教友，诵读纪念被神化的死者的颂词，他们身着华丽的法衣，像君主的臣仆那样，享有各种方便的特权。不过最初他们的特权主要是豁免其他一切社会义务，享有丰厚的生活收入。在这些祭典活动中还有很多很多的音乐、舞蹈、上香、灯彩、鞠躬、跪拜、匍匐在地，以及通常用以满足那最爱虚荣、专横放纵的君主的声色视听之娱的种种快意之事。如果不从对死者的崇拜（这使得诸如此类神的崇拜和祭祀仪式很容易得到解释）寻找偶像崇拜的根源，那么就无法想象上述种种行为会为任何神圣的存在所接受。

13. 正如人们要对其君主的臣子们加以奉承一样，对神在天上的侍从和在地上的祭司也一定要如此对待。人们不仅要向他们行贿以求其保佑，而且即使他们不肯开恩赐福，至少也不要反对人们的祈求。因为无论在天上还是在下界，他们通常总是分成不同的宗派。但是您必须了解，这些天上侍臣的权力是相当大的，各个地区和城市，特别是他们生活和自治的地方，都分配给他们，由他们治理和保护。没有一株树、一棵植物，没有一头兽、一条鱼、一只鸟，没有一条河流、一道水泉、一座山丘，几乎没有任何的创造物，不受到这个或那个天上侍臣的眷顾和惠爱，而且这些事物常常就以他们的名字命名，因为他们在生前恰好曾享用过这些事物，或者曾喜爱、欣赏这些事物。人们认为他们对上面提到的那些事物以及肉体的疾病和心灵的苦痛都有直接的管辖权，这个想法就赋予他们臆造的奇迹、启示、占卜、神谕以及各种狡诈的手段一种美誉和威信，可以把轻信受骗的人的钱袋掏空。

14. 至于圣殿、藏经的壁龛及其许多神秘的行为，赎罪、斋戒和其他荒唐可笑的、鄙俗的、残酷的仪式，都是极其繁重累人的。我认为，这些东西最初都具有象征的意义，反映了这些神在尘世生活的历史，显示出他们之被神化的原因，尤其是珍藏经卷的壁龛包含着全部史实的标志、印记和证物，这是所有多少知道异教奥秘的人都同意的。但是这一切后来都由祭司们掌控，以使其臆想的与上天的秘密交通更为人们所敬重，并按其从事神职服务活动的辛劳和重要性而为自己捞取大宗收入。很多宗教礼仪在蒙骗民众使之失掉深思熟虑问题的能力方面也起了不小的作用，祭司们的全部时间几乎都用到这些事情上了。此外，这些宗教礼仪也须使那些有权使某些日期、地点和人物乃至某些本身无关紧要或与宗教远不相干的事物带上神圣性的人得到尊崇。再者，有些时候，君主与祭司之间也不乏有成立相互协定的情况，据此前者有义务保证后者的一切利益，如果后者以宣扬君主对人民有绝对权力作为回报的话，而对于智力低下的民众，祭司是可以随时随意加以影

响的。

15. 除了君权之外，他们又加上自己虚构的地狱（在此信和前一封信中我已指出过），他们不满足于拿水和火、深渊和黑暗的可怕图景来恐吓人们，还要加上鹞鹰、滚石、轮式刑具和镣铐；九头蛇、半人半马兽、女身鸟翼兽、狮头羊身蛇尾女怪、狮身人面兽、蛇发女怪、鲸、鳄、巨蛇等海怪以及其他大量的妖魔鬼怪，所有这些都是专制君主圣旨的执行者和行刑者。他们还给人们讲鬼魂和幽灵、神秘的幻象和声音，用塔尔塔罗斯①、埃里伯斯②的惊人巨响，斯迪克司③、阿海隆④、弗赖盖桑⑤、莱塞、科塞托斯、阿弗诺斯汹涌澎湃的黑色怒涛，有三个头的恶犬刻尔柏洛斯⑥可怕的狂吠和冥河渡船人卡戎的阴沉怒容来惊吓人们，而且阿莱克托、蒂西芳娜和墨盖拉这三位无情的复仇女神远比阴间地府的最高统治者普卢托⑦和普洛塞尔庇娜⑧更为恐怖。从上面我对鬼魂和占星术的起源的论述，您可以确信，祭司们就是沉迷于各式各样的占卜和魔术，例如根据鸟的飞翔鸣叫声和某种征兆进行占卜，根据祭祀用的动物的内脏进行占卜，召问死者亡魂进行占卜，根据火或火焰形状进行占卜，通过与灵魂交流进行占卜，根据云彩进行占卜，用水进

① Tartarus，宙斯囚禁泰坦之所，意为惩罚恶人的地狱。——译注

② Erebus，浑沌之子，意指地狱最黑暗处。——译注

③ Styx，冥河之一。——译注

④ Acheron，冥河之一。——译注

⑤ Phlegethon，冥河之一，意为火河。——译注

⑥ Cerberus，地狱入口处的看门狗，生有三个头，凶猛异常。——译注

⑦ Pluto，地狱之神，冥王。——译注

⑧ Proserpina，冥王王后。——译注

行占卜，用烟进行占卜，通过抽签进行占卜（随便翻阅某书某页某一词句以占卜吉凶），还有无数其他的迷信的玩意儿，这些直到今日都还在世界各地流传，而且在旺达勒（Vandale）的著作中可以看到其详细的描述。根据上述同样的理由，我们可以想象，过去曾有过众多的巫师、术士、算命的，他们自称通过与魔鬼缔约，借助于对星宿的知识，利用某些草、石的隐秘性质，口吐一些蛮语和咒文，并且对有关人物的形象加以扎刺、熔毁或埋葬，就能使诸神扬灵显圣，使死者的鬼魂死而复生；他们也能使日月黯然无光，使各大行星向后倒转，甚至能使星星从天上掉下来；他们能使自己和别人变化成各种不同的形状；他们能使自己不喜欢的人身心俱病并对之进行折磨；他们能激起爱情也能挑起仇恨；他们能预卜先知未来事；他们能发现秘藏的宝藏；他们能用魔法将粮食、牛乳和其他物品从人们那里剥夺而去；他们能把婴儿从摇篮中掉包换走，以及成千上万诸如此类说来令人厌恶的把戏。任何有头脑的人都不可能相信这些的。至于博学慎思的人们如何看待这些伪称拥有超常智能的人，老恩尼乌斯[①]以其粗犷的风格坦率地告诉我们：

> 无论是以飞鸟卜战事胜败的预言者，
> 乡下的算命先生，城里的占星术士，
> 还是变戏法的吉卜赛人和解梦者，
> 我都看得一文不值；

---

① Ennius（公元前239～前169），罗马诗人，戏剧家，著有《编年纪》等作品。——译注

因为他们并非靠科学和技能成为预言家，
他们乃是迷信的先知，厚颜无耻的骗子，
游手好闲的无赖、疯汉、乞丐。
他们自己一无所知，却要给别人指路；
他们向那些被其许诺发财致富的人们乞求一个银币，
就让他们把那银币拿去吧，
但是他们要把其许诺的东西交出来。[①]

在这里我们还可以加上异教徒的寓言故事（与我们现在的童话极其相似），例如，林中仙女，农牧之神和森林之神；恶鬼和夜游神；居于海河水泉山林中的仙女：海中仙女、江湖水泉女神、树神、林木女神、山岳女神，其他类似的神仙鬼怪的故事，以及那些只适于拿来吓唬妇女儿童的故事。

16. 如果您乐意的话，我们现在转而谈论掌握大权的人物。他们在死后犹如在生前一样是分成不同等级的。有高级别的神和低级别的神，有贵族神和平民神，也有中等的、低下的和流浪的恶鬼（最初是假冒死者的灵魂而来的），他们居无定所，在空中游荡，经常被派遣各种差事，有时将人们的祈求转达给自己的长官，有时将神的愤怒或恩惠告知世间，因此通常被视为神的仆役和命令执行者，因为这些天上的君王像在世间一样拥有自己的仆从和侍卫大军。但是正如异教徒们可以把他们最好的那些神送上天，他们也可以随意把他们贬黜撤回地上，禁闭在某个小教堂里，或者做一

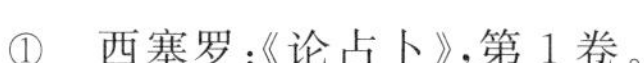

① 西塞罗：《论占卜》，第1卷。

个可怜的偶像立在那里。因为他们想象,有许多神在人们助其居于教堂之前是生活在坟墓中或游荡在空中的,而在教堂内向他们祈祷求福者的愿望比在任何其他地方更能得到他们的欣然听取。异教徒们常常向自己亲手创造的作品叩拜。如果这些创造物赋有生命和思考能力的话,他们倒是更应该去敬拜创造了他们的那些异教徒,因为他们全部非凡的德能都来自那些异教徒的技艺。但是狡猾的老鼠、燕子和蜘蛛们却不顾这些雕像的神圣性,肆意加以践踏,那些蠢人们则不得不去保护他们所畏惧和崇拜的这些雕像。这些雕像本身证明了神具有人形,原本是人;我们知道,有些君主活着的时候就立生祠塑圣像,受人膜拜。这些祠庙经常有极无知而虔诚的信徒来朝拜,他们还围绕着祠庙挂满捐献物和贵重的礼品,遇到各种疑难时请示神谕,遭到不幸时向神发誓许愿,甚至相信自己的睡梦也是因神灵感应而生的,而且把他们的宗教处处弄成损人亦复害己的东西。他们崇敬的伟大人物在尘世的所作所为,其所喜爱的嗜好和娱乐(例如狂饮、嫖妓、畋猎)无不被加之于神的身上。因此我们时常可以读到有关神们的性爱、婚姻、强奸和通奸的故事;有关他们的不和、狂饮、争吵、受伤的故事;关于他们复仇和抢劫的故事;关于他们抱怨诉苦和身受种种灾祸苦难的故事。他们有时陷入受狙无助的窘境,有时被关进囚牢,一旦被巨人(Giants)[①]逐出天庭,就以一种悲凄可怜的样子到地上来寻找栖身之所;这一切都证明神有尘世的原型。了解了这一点,我们就不会

① Giants,希腊神话中大地女神该亚(Gaea)的孩子们,他们力大无穷,神勇无比,但面孔狰狞可怖。——译注

感到惊奇，为什么人们总是描写神如何死亡以及其生前具有的显著特征了。因此，有些神总是老年，有些神永远年轻，神也有父母、儿女和亲属；有的神是瘸子、瞎子；神有不同的肤色，不同的口味；有的神生有偶蹄（今日民间留传的恶魔的观念即由此而来），有的神生有双翼，有的神配有宝剑、矛枪，头戴帽盔，手持棍棒、刀叉和弓箭，有的神坐在由狮子、老虎、马匹、海豹、孔雀、鸠鸽驾辕的双轮战车上飞驰。所有这些东西部分地是从其尘世生活的真实历史中假借来的，部分地则是对那些我们已完全无知也不能理解的事物所做的一种隐喻的、诗意的和神话式的装饰。

17. 埃诺茂斯（Aenomaus）、犹希迈路斯[①]、琉善和其他许多人运用他们的理智，毫无畏惧地嘲笑那些神们在此地或彼地被归化入籍，每个神都在那里从事自己擅长的行当。例如，阿波罗有一个传递信息的处所——德尔斐阿波罗神庙，他就在这个神庙里为人预言未来；埃斯克莱庇乌斯[②]在佩尔加姆斯开了一家药店；爱神维纳斯在帕福斯筑有一所隐秘的爱巢；乌尔坎[③]在利姆诺斯有一座铁匠铺；有的神是接生婆，有的神是猎人，而且他们全都在他们所能的地方进行交易，因为他们也像我们世人一样（他们先前也曾是世人），在一个地方生意做得不好，就移往另外更便于经商营利的地方。既然万事皆被认为是神的爱或怒的结果，因此人们就寻求各种方法向神表示感恩或乞求怜悯；尤其是（为了其他事由表示

① Euhemerus，公元前3世纪希腊作家，著有《神圣历史》，认为神是由英雄人物演化而来的，神话是史实的艺术再现。——译注

② Esculapius，希腊神话的药神。——译注

③ Vulcan，罗马神话中火与锻造之神。——译注

谢恩）向神献祭自己生产的第一批成果（无论是动物的还是植物的产品），以及向神捐款和向神献出人们必须献给活着的君主的其他贡品。几乎没有任何东西不被用作祭神的供物，因为此神之所恶原是彼神之所乐，而且有的神甚至对人的牺牲之外的任何其他祭品都不满意，这证明了他们在尘世时就具有残忍嗜杀的癖性。我们常常看到，当这些神的祭坛无人照管，尤其是人们转而飨祀他神时，他们（像世间君主和大人先生们惯常做的那样）会对这种不恭极端地愤怒，反过来，当人们觉得自己所献祭的贵重礼物和贿赂没有充足的回报时，也常常会指摘神忘恩负义，甚至会凌辱毁损神像（有时则走向叛乱）。

18. 虽然学识高深、品德高尚的人们对事物曾屡次提出较正确的看法，但是我们发现他们有些人的观点很不确定、模糊不清，这主要是由于这样一种迫害，这种迫害无疑是为了对付真理和普遍宗教改革的任何企图，苏格拉底之死就是证明。我们从普卢塔克的著作中就可以看到，关于天体和行星的科学何以发展甚微，至少不为人们普遍习知，其真正的原因就在于一般民众从无耐心去认真听取那些已成为哲学研究对象的东西，那些根据普通的自然规律、用自发的原因和盲目的力量加以解释的东西，而坚持认为星体都是有理智的、永恒的、不朽的神。因此当阿那克萨戈拉发现月亮的光是从太阳借来的，从而说明月的盈亏的原因时，这一学说未敢公之于众，而是仅在极少数人中间秘密流传，即使对这极少数人也要在他们保证严守秘密的条件下才予以传授。的确在欧洲和亚洲有很多卓越的人士不但自己深知民间宗教的起源，甚至敢于把这些宗教的空洞无物、不充分和招摇撞骗揭露给他

人。但是我们不应把凡是肯定神是唯一的并揭穿迷信的人都看作异教徒，因为这个名称乃专指那些相信多神的偶像崇拜者，他们妄称从这些神那里得到特殊的启示；因为这些神被认为是各自在不同地区活动的，所以崇拜多神的人就以各种不同的礼拜仪式来敬奉他们或庆祝他们各自特有的活动。犹太人认为，除了他们自己，世界上所有的人都是这类多神论者，他们通常把这些民族称为异教徒（来自希腊文 Heathens①，和拉丁文 Gentiles）。因此所有那些能深入揭露并大胆反对这种神学的荒诞和骗术的人就被称为并被普遍认为是无神论者，而且在神父、牧师们的煽动下，广大民众就是这样看待他们的。有些人，特别是有些哲学家，被课以罚金或被投入监狱，有些人被流放，有些人被判处死刑，许多人被暴民凌迟碎尸，所有这些人都因为不相信有什么神秘玄妙的事物或者揭露了当时宗教的骗人伎俩而永远背负着不敬神的恶名。但是这种情况在异教徒那里较之基督徒这里少见，倒未必是异教徒祭司们的功劳，而是因为大多数异教祭司与政府官吏没有什么区别而且他们许多人并非终身从事神职，他们同样也完全归国家管辖。反之，基督教的神职人员（除了在极少数新教国家中）则超越政府之上，到处都是俗人的绝对的精神统治者。因此我们谈论古人，必须将他们的健全的观念和道德规则归功于理性之光，而异教信仰则是理性之光的一种丑恶的堕落。由于看不到这个差别，人们犯了无数的错误。有人轻率断言，异教信仰是比基

① 托兰德此说不确，Heathens 非希腊语词，亦非源出希腊语，而是来自古英语和古高地德语。——译注

督教更好的一种道德基础，其实他只应该说异教徒常常比基督徒更好地遵守了自然规律。又有人认为凡是生活在异教信仰盛行时代的人都是偶像崇拜者，没有什么比这个说法更谬误的了。有什么人会愚蠢到把西塞罗(举个例子)算作一个异教徒呢？他在《论占卜》和《论神性》等令人赞美的论著中通过论证否定了异教徒的多神论、祭牲、所谓的启示、预言和奇迹；否定了他们的神谕、占卜、圆梦术、画符念咒以及诸如此类的一切蠢事。米奴修斯·费利克斯[①]、德尔图良和其他早期的基督教教义辩护家都从这些和其他著作中袭取了反异教信仰的最有力的论据，而且经常是逐字逐句的重述。阿尔诺比乌斯[②]在公正地评论了其他作家之后说道，如果读了图利[③]的著作，基督徒们就无须费力写自己的作品了。他承认西塞罗极直率、极坚决、极大胆而且尤为虔诚地破除了对众神的信仰，正因此故很多异教徒不仅诋毁西塞罗的那些著作，避而不读它们，而且要求元老院把它们焚毁、消灭。然而，用我们这位作者卓有见地的话说："查禁这些书，或者禁止人们公开阅读这些书，这不是对神的捍卫，而是对真理证明的恐惧。"[④]我还可以举出其他许多以其勇敢、虔诚、正直而著名的人士，与那些控告他们的人相比，他们更不是偶像崇拜者；他们也不比那些现在可称之为穆罕默德信徒者更应名之为异教徒，这些人虽然生活在麦加，但并不信仰《可兰经》。把后者称为穆罕默德信徒、把

① Minucius Felix，2世纪基督教护教士，著有《屋大维》。——译注

② Arnobius，公元前4世纪基督教作家，著有《反异教徒》。——译注

③ 即西塞罗。——译注

④ 阿尔诺比乌斯：《反异教徒》，第3卷。

前者称为异教徒的人只是表明他们对这两个词的含义无知，或者表明他们看不到自然规律和实际制定的教规制度之间的区别。

19. 总而言之，夫人，像异教徒的宗教(与理性之光相反或者是外加于理性的异己的东西)之类的宗教在现实生活中是不可能对人的品性或道德有重大影响的，也不可能给人以任何希望或保障以抵抗死亡的恐怖。诚然，异教徒中有许多人不愿意相信他们的宗教像看来那样毫无道理和荒唐可笑，尤其如诗人们所描写的那么不堪，因此他们希望他们的无数的神不过是某种唯一的存在的不同的名称、属性或职责，这个唯一的存在不论是太阳，是巴库斯[①]，还是他们尤为崇敬的某个其他的神。其次，立法者们对此则尽力加以粉饰，他们无意对事情的是非真伪做艰苦的探究，而是赞同认可所有能使人类维持秩序，能利用榜样和奖赏促进人的美德，以及能通过惩罚和羞辱使人不敢作恶的一切措施。但是第三，另外有些人是善意的哲学家，他们将其全部的宗教学说都寓言化为关于纯粹自然事物的故事，神在其中显示了自己的能力、慷慨与善良。从上面这三种考虑，就产生了诗意神学、政治神学和哲学神学的著名区分。不过，更有辨别力的人士都讥笑这种变换手法，他们分明知道，对于他们的神话大多是不可能提出任何像样的辩护的。因此西塞罗批评斯多葛派妄言全部希腊神学是神秘不可解的。他说："首先是芝诺[②]，其次是克利安昔斯[③]，再次是克吕西波[④]，他们

① Bacchus，罗马神话中的酒神。——译注

② Zeno(约公元前525～前460)，古希腊哲学家，斯多葛派的创始人。——译注

③ Cleanthes(公元前331～前232)，斯多葛派哲学家。——译注

④ Chrysippus(约公元前280～前205)，斯多葛派哲学家。——译注

煞费苦心然而徒劳无益地要为那些杜撰的神话提出一种合理的解释，乃至要为每个神的每个名字都做出词源学的说明。这个做法显然表明他们并不相信这些东西具有实实在在的真实性。”[1]我们举例来看一看他们所做的隐喻的解释。他们以朱庇特和朱诺指气和云；尼普顿和忒提斯指海和波浪；色列斯和巴库斯指土地及其一切产物；墨丘利和密涅瓦指心灵的才智能力，如知识、商业、技艺等等；丘比特和维纳斯指真诚的愿望和热烈的情爱；马耳斯和贝洛娜指争吵和战争；普卢托和普洛塞尔波娜指矿山、金银财宝和地下的一切储藏。他们进而这样解释了其他的神；既然隐喻可以像我们的想象一样丰富，就几乎不可能有任何两个作者想法完全相同。但是即使假定斯多葛派的某个人或所有的人说的是真的，那也丝毫不会使他们的宗教变得更好一些，而是同样应被消灭；因为不论几个饱学之士有什么思辨议论，普通民众显然会把这一切都当成真正实在的神，对这些神感到诚惶诚恐，顶礼膜拜，更不要说举行宗教仪式所遭受的麻烦和靡费、教士们的欺诈和颐指气使了。这一点，西塞罗看得很清楚。列举几类异教的神之后，他说：“大量的神是以其他的方式即自然的方式产生出来的。由于被赋予人的外形，这些神为诗人们提供了丰富的寓言故事的题材，同时也使人类生活充满了各种各样的迷信。”[2]对于现代的圣者和圣像，我们也可以这样说，因为尽管高级的绝对的崇拜和低级的相对的崇拜之间确有区别，但是所有普通的民众都是彻头彻尾道道地地的偶像

① 西塞罗：《论神性》，第3卷。
② 西塞罗：《论神性》，第2卷。

崇拜者；至于在确立了这种崇拜之处宗教仪式之繁多，神职人员欺骗之广与权势之大，即使将全世界其余地方的迷信都集合起来，与其相比，也会成为一个很令人安心、可以忍受的宗教。我们也不要忘记，基督徒的这种偶像崇拜，像古代异教徒的偶像崇拜一样，完全是建立在对男女死者的过度尊崇之上的，不过被教士们巧施诡计逐渐地推到了如此神圣的程度。这些教士们利用这些神圣的例证来诱惑他人遵行他们的命令，而这些命令总是有助于增进他们自己的光荣、权力和利益的。

20. 现在的异教徒居住在非洲大部、亚洲广大地带、几近整个美洲以及欧洲的几处角落，其观点与古代人非常一致。因此我一直对此处提及的一些东西略而不谈以避免重复。但是，像古代人一样，现在生活在不同地方的异教徒们彼此也有分歧。他们各有自己的宇宙起源论或创世说；各有自己的神谱或神的系谱图；有的认为神的地位都是同等的，有的认为神有高低等级之分，有的认为神全是好的，有的认为神全是坏的，许多人认为有两个最高的本原：善与恶，类似于古迦勒底人的奥罗马锡斯(Oromazes)和阿雷曼内斯(Arimanes)[①]。主张神是唯一的也不乏其人，他们有时说唯一的神有一些低级的侍从，有时说没有；有的人断言宇宙是永恒和无限的，万物都是按照不可抗拒的天命而发生的。关于天命、世界的绵延性和来世的情况，关于灵魂是否不朽，如果不朽，死后是否被禁闭在某个住处，还是从一个人的身体转往另一个人的身体

① Oromazes(亦作 Ahura Mazda)是古波斯教(琐罗阿斯德教)崇拜的最高的神，代表善；Arimanes(亦作 Angra Mainyu)是与之对立的本原和力量，代表恶。——译注

（这个观点最为流行），对这些问题人们意见纷纭。他们有无数的仪式和祭典，使用多种多样的祭牲，有的动物被一个民族奉若神物，却被另一个民族作为祭神的牺牲、一个人在宗教上使用的手势姿态和穿戴的服饰可能被另一个人当作不合礼仪和亵渎神明而加以摒弃。因为正如尤维纳尔[①]在谈到古埃及人时所说的：

> 愚昧的群氓是如此疯狂，
> 到处对他人的神深恶痛绝，
> 而只承认他们自己所尊崇的神。[②]

异教徒的礼拜活动在山顶露天举行，或在寺庙、树林、洞穴举行。他们相信有好的也有坏的精灵，相信各个地方和各个人都有自己的守护神。他们的男女祭司分成上下若干等级，在许多地方设有对他们进行教育的书院和专供他们生活修行的寺院。他们有自己的圣经，有自己的古老传说和圣像；有所谓的奇迹、预言、启示和神谕；有巫术、鸟卜吉凶、抽签、以征兆预测等各式各样的占卜活动。他们有欢乐的宗教聚会，届时大家在神的面前又吃又喝，载歌载舞；他们也有愁苦的时刻，在那种时候他们不仅要斋戒禁欲：禁食、不近女色、穿粗衣素服、长途跋涉去朝圣以及其他种种自我惩罚的酷刑，而且也会以一种无比残酷的方法烧伤、鞭打、割破、撞击自己的身体；他们徒然以为用这种实在伤害自己而对他人也毫无

① Juvenal（约公元 60～140），古罗马讽刺诗人。——译注

② 《讽刺诗》，第 15 卷。

好处的做法就是尊敬神，使神欢心，当人们指责他们的任何做法和学说是不可理解和荒谬的时候，他们立刻回答说，对于崇高的神灵而言，没有什么是不可能的；有些奥秘是人的有限理智无法深探和考察的，不可能像在几乎所有各国的游记中都能读到的那样。

21. 塞伦娜，我既已对古今的异教信仰做了概述，现在就可以指出，那些迷信的、偶像崇拜的宗教的几乎每一点都为我们西方世界的很多基督徒和所有的东方教派以同样的或更粗俗的形式所复活了，例如，牲祭、焚香、燃烛、圣像、祭礼净化、节期、音乐、圣坛、朝圣、斋戒、教士独身、教士装束、祝圣仪式、巫术、预言、预兆、符咒、对男女死者的崇拜、继续为更多的信徒封圣，这些圣者是神与人、善的和恶的精灵、男的和女的守护神之间的中介，人们给这些神灵立庙，有固定的节日和特殊的礼拜方式，他们不仅按区划掌管各个地方，而且给人们治疗疾病，安排处置人们所希望或喜爱的一切。诚然，这些迷信的事情并非处处相同，但是在每个地方或多或少都是有的，有的地方虽非法定，却由教育加以引导促成。那些捍卫耶稣基督所要消灭的东西的人是没有权利称为基督徒的，这一点对于所有不把基督教看作一个政治派别或者一个空洞无意义的声音而是视为一个旨在改善我们的道德、给我们以关于神的正确观念、破除一切迷信的思想行为的机构的人，都是显而易见的。这种迷信的东西就其单纯真正的词义而言就是反基督主义，没有什么比这与基督学说更为抵触的了；无论什么人，只要他染上了这种迷信，他就是一个异教徒或犹太人，而绝非基督徒。

22. 我们的这番议论乃是对宗教和真理的赞颂；我认为，人的求知欲的满足还不足以使所有科学研究都为人们所欢迎喜爱，如

果这种科学研究不能自然地给出导向智慧和美德的一般教导的话。的确，夫人，我的全部论述就是下面这一点的证明和示例，即人性的乖张狂妄会达到何等惊人的地步，而在任何时代，迷信都是同样的东西，尽管其名称各异，对象有别，而且迷信程度之深浅亦随各国思想自由和言论自由程度之高低而不同。如果有人觉得奇怪，人们何以会离开直接易达的理性之路而陷入如此难以脱身的迷宫，那么他只要想一下下面这种情况就可以明白了：在很多大国中，耶稣基督明白朴素的原理竟会蜕化为最荒谬的教条、不可理解的胡话、可笑的习俗和无法说明的奥秘；在我们这个世界的几乎每个角落，宗教和真理都可能变成迷信和僧侣之权谋。总之，我这封长信的主题可以人人口诵的这四行诗很好地概括之：

自然宗教最早，朴素而简易，
寓言故事把它变成神秘，祭礼供品使它大获财利；
诸般祭牲杂陈，众多表演纷呈，
祭司们饱餐烤肉，饮酒作乐，众人怒视目不转睛。

破费了您这么长的时间，我担心您已倦于阅读下去，正如我此刻也写得颇感疲惫一样。因此，夫人，为了使我们彼此都轻松自在一些，除了向您表示我将永远是您的最诚挚最忠顺的仆人之外，我就不再多说什么了。

第四封信

给一位在荷兰的绅士的信，指出斯宾诺莎体系缺乏任何原理或根据

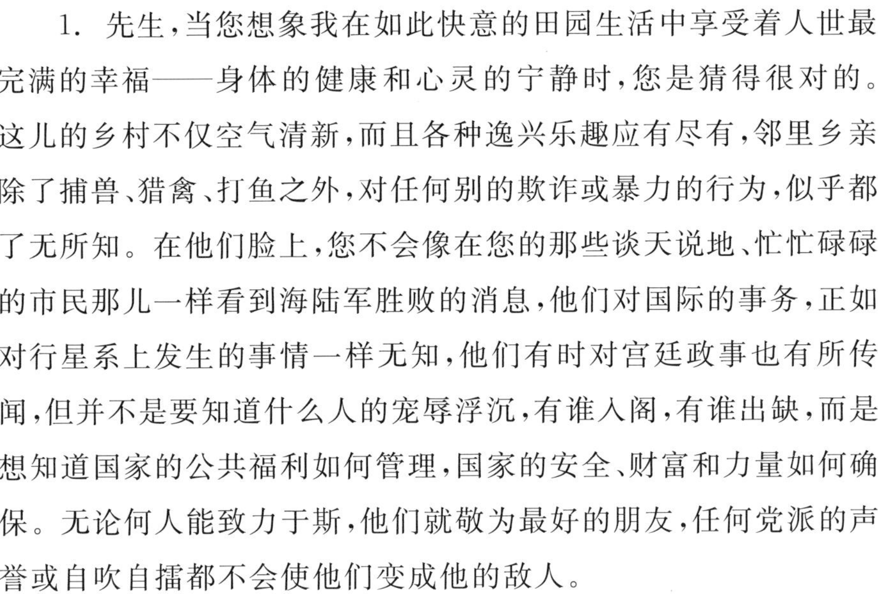

1. 先生，当您想象我在如此快意的田园生活中享受着人世最完满的幸福——身体的健康和心灵的宁静时，您是猜得很对的。这儿的乡村不仅空气清新，而且各种逸兴乐趣应有尽有，邻里乡亲除了捕兽、猎禽、打鱼之外，对任何别的欺诈或暴力的行为，似乎都了无所知。在他们脸上，您不会像在您的那些谈天说地、忙忙碌碌的市民那儿一样看到海陆军胜败的消息，他们对国际的事务，正如对行星系上发生的事情一样无知，他们有时对宫廷政事也有所传闻，但并不是要知道什么人的宠辱浮沉，有谁入阁，有谁出缺，而是想知道国家的公共福利如何管理，国家的安全、财富和力量如何确保。无论何人能致力于斯，他们就敬为最好的朋友，任何党派的声誉或自吹自擂都不会使他们变成他的敌人。

2. 但是，先生，如果您担心来之于您的所有事情都会打扰我在这样天真纯朴的人们中享受的安宁，那我是一定不会原谅您的。您的每一封信都令人感到欣慰而且富有教益，正如那些天真纯朴的人们的谈论是坦率诚挚的一样。我不能责备您赞扬斯宾诺莎的

溢美之辞，正如我不能责备卢克莱修一有机会就对伊壁鸠鲁作过分的赞扬。因为您既然认为斯宾诺莎是一位远远超出俗辈、其发现有幸高于一切哲学家的如此非凡的人物，您当然不可能不发出如许的颂辞，如果您是一位诗人，您的赞歌还会唱得更高。

3. 就我而言，我绝不会因为斯宾诺莎在许多事情上搞得很糟就认为他什么事情都做得不好。相反地，他有一些偶尔言中的见解，而且他似乎是一位具有惊人天赋的人物，不过，除了在数学的某些部分以及对犹太教法学权威的理解之外，他的学识似乎也很平庸。我也同意您所说的，他确是一位严于律己，奉公守法，而且也不财迷心窍的人。因为，纵观古今，的的确确，宣讲真理者并不总是圣人，而主义误谬者却往往生活高尚，您知道，贝尔先生在《关于彗星的各种见解》一书中曾经明白地指出，即使无神论也并不必然引人为恶，虽然他又承认，对安全、荣誉和利益的思虑不能像宗教教条那样有效地克制不道德行为。我也同意您所说的，斯宾诺莎的反对者们因为厌恶他的见解而奉送给他的一些轻慢无礼辱骂伤人的称号，并没把他的门徒拉拢过来；这种可耻的小伎俩既不合于宗教，亦有违于普通的礼貌，只适合于那些唯谬是从、行为不正者流，它颇能激动迷信的群氓，但绝不能欺骗心智健全的人，心智健全的人是按照事物的本来面目，而不是按照感情用事不讲公道的对手的描述判断事物的。

4. 先生，您不要以为，我所表示的这种谦和的态度是为了恭维您缅怀斯宾诺莎的崇敬之情，或是因为我现在比以前和您时相晤面的时候更为信服他的见解了。我之表示谦和，是因为我认为在纯粹思辨的事情上对一切人都应以这种态度来对待，而将其不

道德的行为（假如他们犯有任何不道德行为的话）交给法律去处理，交给法官去责斥。但是，对于我们在您家中讨论过的那些问题，我绝没有改变自己的观点，我相信斯宾诺莎的整个体系不唯是谬误的，而且是站不住脚的，没有任何根据的。我并不是说，他的书里没有一星半点的真理，也不是说比它更好的书里就没有掺进任何粗心的错误。但是我坚持认为从他的体系中得不出真理的东西，因为它既然是缺乏道理、没有任何原理的，就不可能用以解释过去或将来的任何困难问题，也不可能为我们普遍承认的东西提供更充分的论据。

5. 就算斯宾诺莎是一个从来不曾有过的诚实的人，但我还是认为他不可能免于人性的许多弱点，这些弱点就连最优秀的人也是脱不掉的。而且我想，他的主要缺点，是抱有一种奢望，想成为一个宗派的首领，以及拥有一帮门徒并创立一种冠以他的尊名的新哲学体系。他的老师笛卡儿的好运气对于他是一个颇有诱惑力的活生生的榜样。我并不是因为他经常使用诸如“我的哲学”，或“我们的体系”之类的话而得出这个结论的。我也不会对任何有特殊发现或者甚至改变整个哲学面貌并导入一种崭新方法的人都责备说他抱有上述奢望；因为这些人毫无疑问除了热爱真理和造福社会之外并没有任何别的动机，除了他们真正认为有害，谬误或无用的东西，他们不会抛弃任何东西。苏格拉底虽然在哲学上进行了重大的改革，但是人们并不认为他企图做一个新宗派的首领；西塞罗曾经非常正确地指出，苏格拉底的弟子们纷争不已，分裂成了许多派别，而且把他的学说造成为一个“体系”，而在这样做的时候就败坏了这一学说，无疑地，他们是自以为可以用这个“体系”去解

释连苏格拉底都不曾想过的千百种的事物，他们甚至把苏格拉底认为对生活无益，浪费时间，与人世不相干，而且永远不可理解的那些空洞无聊的思辨也归之于这个“体系”。

6. 假若某人建立一个完整的哲学体系，但这个体系并没有任何第一原理或者是建立在一种不可靠的基础之上的，在人们向他指出这个缺点，他亦意识到这个缺点所带来的那些困难时，他却没有弥补这个缺陷，也没有用他所确立的任何东西来说明那些困难，甚至不承认自己的错误。这样，我们就很有理由猜想，他对自己的那个新天地（一个哲学体系就是一个天地）是过于偏爱了，以至于不能容许还有更优秀的作者存在。但是，一个人若是除了揭示和宣扬真理而外并无其他目的，而且不满足于徒事幻想和猜测，那么他就会不耻于承认并修正自己的错误。

7. 现在我们就来看看斯宾诺莎是否犯有我所指责的那种过失。我将公平地提出我的证据，而让您自己去做出判断，尽管您似乎对他怀有极大的好感。我没有必要向极力赞美斯宾诺莎的人去证明说他认为宇宙间只有一个实体，或者说宇宙间万物的物质只是一种连续的存在，这种存在虽然样态纷然各异，但性质无往而不同，而且赋有不变的、固有而不可分的属性。在这些属性（他认为它同其所依属的实体一样是永恒的）中他认为最主要的是广延和思维；他认为还有无数其他的属性，不过他并没有费心把这些属性指出名来。他在任何地方都不曾暗示运动是实体的一个属性，即使他有过这种暗示，我们也不应当根据他的话来相信这一点。关于运动之为实体的属性，较之他认为物质的每一部分、每一分子都时时在思维，应当有更为令人信服的证据。因为认为物质永在思维是违反理性和经验的，理性和经验都证明物质是广延的。在动物身上，不论思维的基源究为何物，除了凭借大脑它是不能进行思维的。大脑一旦失去机能，人就不会意识到任何思想了；我们发现我们自己是在大脑中思维，而且仅仅在大脑中思维的；在凡是缺乏大脑之物那里我们就看不到有任何思维的迹象，而凡是长有大脑的生物，其活动则似乎都显示有某种程度的思维。至于斯宾诺莎假借理性之名为其被经验所摈弃的观点所做的那些机敏微妙的论证，我将另找时间向您说明自己的意见。因为眼下我无意对他的所有错误挨个地加以批驳，而只是要指出他的整个体系是完全没有根据的，仅此一击就可把建筑于其上的一切统统摧毁了。

8. 我们全都同意说物质的不断变化乃是运动的结果，运动产生无限数量各种不同的形态、混合体及可感的性质。但是我们必须把位置的移动同推动力或能动性区别开来。因为位置的移动仅仅是一种地点的改变，或者是同一物体之连续占据若干其他物体相应部分的位置，因而这种运动并没有任何与物体本身不同的东西，它也不是自然中任何实际的存在，而不过是物体位置的一种样态或因素，是在物体之外或在物体之内的某种力或活动的结果。运动的普通法则虽然只是从位置移动通常发生的现象的经验中得来的一些观察，或者说是从这样的观察推出的一些盖然的计算，然而，能动性或推动力却也同样常常被称之为运动，这样就把结果和原因混淆了，由是而引起了极大的混乱和众多的谬误。但是，凡是对物质的多样性做过探讨的人都必然用这种能动性来解释物质的多样性，否则他们的探讨就是徒劳无功的。因为这一点一旦得到说明，我们就可以很容易把位置移动解释为这种活动的结果而非其他。数学家们一般是把原动力视为当然而不予置论的，对于位置移动则按照他们所看到的情形加以探讨，而不愿花大的气力去追索位置移动的动因。然而哲学家们之所为则与此不同，毋宁说他正应探讨这个动因问题。

9. 任何人要想用始因来解释世界的起源，世界现有的结构，或物质的诸属性，都必须从运动的始因开始。因为仅仅广延这个观念并不包含任何殊异变化，也不包含任何变化的原因；既然只有能动性能够在广延中产生某种变化，我们就必须把这种能动性或运动的基源弄清楚并确定下来，否则我们很快就会发现我们的体系是有缺陷的。如果我们只是把运动的基源看作不证自明的东西，那么我们的体系就不过是一种假设；但是，如果我们能够对此做出论证和阐明，那就可望在自然哲学中找到某种较诸以往具有更大确实性的东西。因此，根据位置移动来建立体系是很不够的，如前所说，位置移动正如自然界中所有其他的变化一样，只是这种能动性的一个结果。静止亦然如是，如今人们已经普遍承认静止既不是运动的丧失，也不是一种绝对不动的状态。正如使物体运动需要力一样，使物体静止也需要力，因此位置移动和静止只是两个相对的词，两种流逝不定的样态，而并不是什么确定的实在的东西。

10. 希腊最早的古圣先哲们对于运动的问题究竟持何见解，已经很难确定了。但自从阿那克萨戈拉以后大多数的哲学家都把下面这种看法定为律则了，即认为物质本身是没有能动性的，是一堆滞钝浊重的东西，是神（被认为与这种物质截然有别）以一种人类所无法理解的方式将运动传递给了它。他们从而继续指出，这种运动在物质中产生了一些什么区分，造成了哪些大小不同、形状各异的分子，以及宇宙及其各个部分如何变成了现在这种状态。与此相反，斯宾诺莎不承认有任何离开宇宙实体或有别于宇宙实体的存在，即使宇宙自身没有运动，他也不承认有任何存在赋予它以运动，有任何存在使它继续或保持运动。他以关于位置移动的各种俗见为根据，而从未指出位置移动的原因；他不愿承认有一个统驭万有的上帝作为宇宙的推动力，但是如您现在所看到的，他又提不出一种更恰当的推动力，提不出什么充分的理由来，却认为物质天然就是没有能动性的。他在《伦理学》第 2 卷第 13 命题第 1 公则中明白地说："所有的物体都是在运动着或静止着的。"为了表明他所说的并不是相对的静止也不是其他物体的阻力，斯宾诺莎在这个命题下面所附第 2 补则的证明中进一步断言："所有的物体都可能时而处于绝对的运动，时而处于绝对的静止。"这些话说得再明确不过了。然而，假如物质的任何分子或一切分子可能处于绝对静止，那么除非有某种外在的原因推动它们，否则它们必然永远持续处于这种状态，但他在任何地方都没有提出这种原因；而且，如果认为物质的任何部分会永远处于这种绝对静止状态，则全部物质就会是没有能动性的了。

11. 斯宾诺莎在其体系的任何地方都没有打算给运动或静止下个定义，而这对一位哲学家来说，无论是有意还是无意都是不可原谅的；不过，他在《伦理学》中的说法是，"运动和静止是物体中一切差别的原因"（第 2 部分第 13 命题第 1 补则），由此"产生个别物体的差别"（同上第 3 补则的证明），而且"从运动和静止产生无限多的事物"（第 1 部分第 3 命题第 2 绎理）。对于这个题目的讨论，我不拟提及他的其他一些著作。因为在《神学政治论》中他没有必要探讨这个问题；而在一封书信中他宣称对于他在《笛卡儿〈哲学原理〉的证明》中的任何东西概不负责，而且他请出版商迈耶在该书的前言中加以说明。因为这本著作是应斯宾诺莎的一个学生之请而写的，他的证明是建立在笛卡儿的那些定义、公设和公理之上的，而对于这些定义、公设和公理，他只是姑且假定而并非信以为真的。因此《伦理学》（这个名称包含了斯宾诺莎的全部哲学）乃是他的真正的体系，只有在此书及他的书信中才能看到他真正的哲学观点。对斯宾诺莎这样公平地加以处理（公平的评判盖不出乎此）后，也就没有必要经过推论再去指出他否认运动是物质的一个永恒属性了；假如他认为运动是物质的永恒属性，那么，没有充分的证据我们也不能相信它。既然他公开表示的是与此相反的意见，我们又何必多费心思呢！他很有能力使我们明白他自己的见解，这是断无可疑的。他在致奥登堡的第一封信[①]中曾把《伦理学》的个别章节抄送给他，并对他说："你必须注意，我把属性理解为通过自身并在自身之内而被认识的东西，属性的概念不包含任何别的事物的概念。例如，广延就是通过自身并在自身之内被认识的，而运动则不然。因为运动是被认为存在于别的事物之内的，运动的概念包含着广延。"话说得明白极了，毋庸置疑。这里我们也不必考察他对广延的说法是否正确，其实广延不过是一个抽象的观念，正如运动一样，抛开实体也是不可想象的。

① 1661年9月斯宾诺莎从莱茵斯堡写给奥登堡的复信。奥登堡曾于1661年8月16(26)日从伦敦写信给斯宾诺莎。——译注

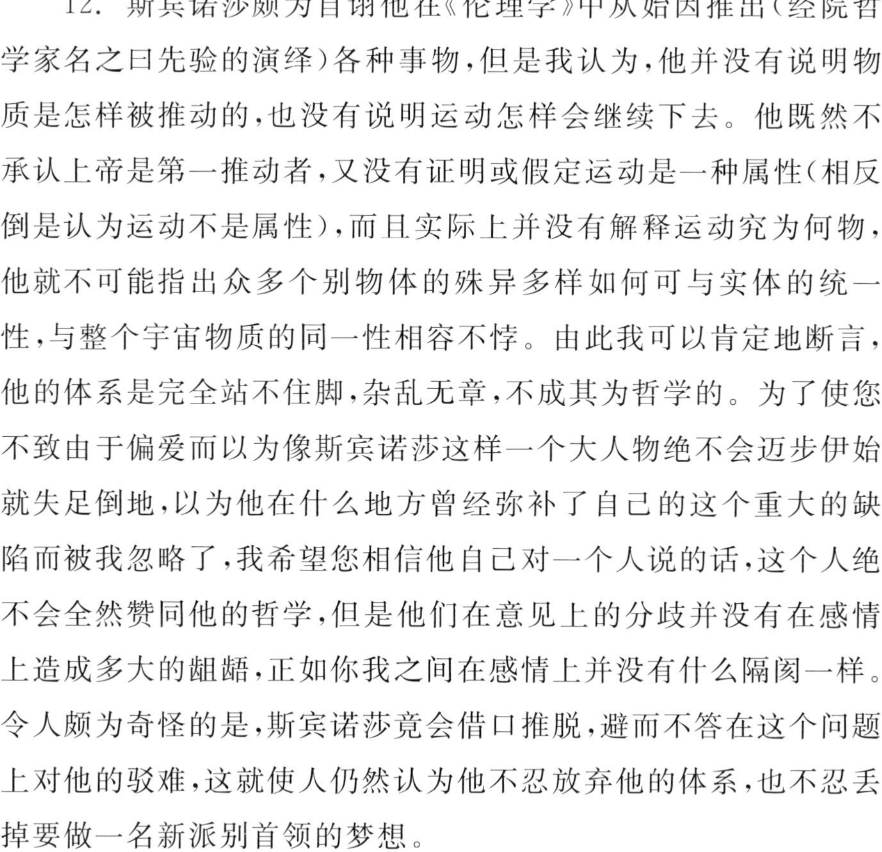

12. 斯宾诺莎颇为自诩他在《伦理学》中从始因推出（经院哲学家名之曰先验的演绎）各种事物，但是我认为，他并没有说明物质是怎样被推动的，也没有说明运动怎样会继续下去。他既然不承认上帝是第一推动者，又没有证明或假定运动是一种属性（相反倒是认为运动不是属性），而且实际上并没有解释运动究为何物，他就不可能指出众多个别物体的殊异多样如何可与实体的统一性，与整个宇宙物质的同一性相容不悖。由此我可以肯定地断言，他的体系是完全站不住脚，杂乱无章，不成其为哲学的。为了使您不致由于偏爱而以为像斯宾诺莎这样一个大人物绝不会迈步伊始就失足倒地，以为他在什么地方曾经弥补了自己的这个重大的缺陷而被我忽略了，我希望您相信他自己对一个人说的话，这个人绝不会全然赞同他的哲学，但是他们在意见上的分歧并没有在感情上造成多大的龃龉，正如你我之间在感情上并没有什么隔阂一样。令人颇为奇怪的是，斯宾诺莎竟会借口推脱，避而不答在这个问题上对他的驳难，这就使人仍然认为他不忍放弃他的体系，也不忍丢掉要做一名新派别首领的梦想。

13. 不论如何（因为我们在推测死者的意图时应当委婉含蓄），收在斯宾诺莎遗著中的第 63 号书信的作者[①]曾经向斯宾诺莎提出了一个十分明智而又极其庄重的要求，即推翻他的哲学的全部大厦，不过这个要求并没有得到令人满意的回答。斯宾诺莎的这位朋友说："您若有暇而且时机允许的话，我恳请您对运动下一确切的定义，并对此定义加以阐发。我也请您告诉我，既然广延

① 即冯·齐恩豪斯，此信写于 1675 年 1 月 5 日。——译注

从自身来看是不可分的、不动的等等，那么我们怎样能先验地说明如此纷繁多样的事物的产生并从而说明所有物体分子的各种形状的存在呢？而物体分子的形状是多种多样彼此各异的。”好了，斯宾诺莎又是怎么说的呢？他是否指点人家在什么地方他已做过如此的说明呢？远不是这样，他在复信[①]中回答人家的是这么一番话：“至于其他问题，即关于运动以及与方法有关的一些问题，因为我还没有依次写到它们，故而留待有别的机会时再谈。”但是，他的这位朋友并不是轻易可以打发走的，求知的渴望使他急不可耐，于是又修书一封（第 69 号信[②]）向斯宾诺莎重又提起这个疑难，他说：“我觉得很难设想对具有运动和形状的诸物体的存在可以做先验的证明，因为就广延本身来看，在它之内并无诸如此类的东西。”斯宾诺莎在复信[③]中对此未做任何解释就回答过去了，他说：“像笛卡儿那样，把广延设想为一种静止不动的实体，要从这样的广延去证明诸个别物体的存在，不但如你所说是困难的，而且是完全不可能的。因为处于静止的物质在其自身之内将继续处于静止，除非有一更有力的外在原因推动之，它是不会动的；因此之故，我先前曾毫不犹豫地断言，笛卡儿关于自然事物的原理不说是荒谬的，也是无用的。”斯宾诺莎的体系（按：指《伦理学》）当时虽已完成，但尚未问世，不过他的这位朋友非常了解他是不承认有任何外因的，所以益发真诚地恳求他毫不掩饰地谈出自己的思想，因为斯宾诺莎在这个问题上用一些习常通用的说法把自己的思想掩避起来

① 斯宾诺莎复信的时间也是 1675 年 1 月。——译注

② 1676 年 5 月 2 日。——译注

③ 1676 年 5 月 5 日。——译注

了。这位朋友在第71号信[①]中说道："我希望您在这一点上乐于满足我的要求，告诉我按照您的意见如何可以先验地说明纷繁多样的事物由广延的概念而来，因为您曾经提到笛卡儿的意见，他认为只能假设由上帝给予的一种运动在广延中产生了纷纭万象，此外无法从广延推出多种多样的事物。因此，照我看，笛卡儿并不是从静止不动的物质引出诸个别物体的存在的，除非您认为他把上帝假定为推动者是形同虚设的。因为您自己并不曾证明从上帝的本质必然先验地得出他是推动者的结论，而笛卡儿则认为证明这一点是超乎人类理解力的。因而我恳求您讲讲这个问题，我很知道您有一些不同的想法，或许由于某种特殊的缘故至今还没有明白地宣示出来。"这位朋友对笛卡儿是很公道的，因为笛卡儿的体系虽然最多不过是一种机智的哲学传奇，但是他绝未如此轻率不求严谨，竟至想仅仅从广延把诸个别物体的殊异多样推引出来，因此他假定上帝最初给了惰性的混沌物质一击，于是而相继产生了一、二、三类物质元素，这些元素又按照他所说的那种方式形成了整个宇宙的排列组合。但是斯宾诺莎既未假定同样的原则，又未建立别的什么原则来解释实体同一性之内诸个别物体的多样性。无疑地，您会承认，我已清楚地证明了我所要告诉您的，即斯宾诺莎的哲学不是建立在任何确实可靠的基础上，而是建立在缺乏根据的假设之上的，他就是从这种无根据的假设演绎出了他及其门徒称之为证明的一切。我这样做并不是玩弄了什么计谋，也不是出于好恶之情或为了什么利害的打算。斯宾诺莎惯于假装用一种

① 1676年6月23日。——译注

几何学的方法来证明一些东西，虽然他明知他所要证明的那些东西是错误的，因为他先前就曾这样证明过笛卡儿的一些原理。但是那本著作正是一个值得记起的例证，它表明人们如果不习惯于在做长长的推演时并不遗漏推理链条的一个环节，如果把其本身尚需证明的东西当作自明之物，或者把任何东西视为由别的权威或自己的命题已然证明了的东西，那么这种几何学的方法（尽管它本身是绝对可靠的）是很容易使人受骗的。但我们还是转回来谈斯宾诺莎的那位朋友吧。他对斯宾诺莎的最后一次恳求所得到的回答，概而言之，完全是一派空话。因为斯宾诺莎在第72号信[①]中否弃了笛卡儿的物质定义之后是这样对他约许的："您要我说明可否仅仅从广延的概念先验地证明事物的多样性，我想我已经指出这是不可能的，因而笛卡儿用广延来定义物质是很不恰当的，反之，应该用某种表示永恒无限本质的属性来表示物质。我若活着，或许还有时间跟您更明白地讨论这些问题，因为直到现在我都未能把这些问题安排到日程上。"我们发现他始终不曾更明白地讨论过运动的问题，这是更加不可原谅的，因为他的《伦理学》那时虽已完成，但在他生前一直没有出版，他还可以修改、增删他想要修改、增删的东西。他先前虽曾明白宣布过相反的观点，但在此书中则指出运动不可能是实体的属性，而且在他的全部著作中没有一处是支持运动为实体属性这个意见的。

14. 我的朋友，即使像您这样一位极其正直、卓有见识的人，在许多事情上也会被成见所诱惑，因为从未觉察到成见这个缺陷，

① 1676年7月15日。——译注

在许多事情上也会被它所诱惑，这是我无须再加以证明的。您一向备加称赞斯宾诺莎先验地证明了一切事物。而您在本月 10 日来信中对普通的运动理论所具有的困难竭力加以强调。我想，这是您以为您的英雄斯宾诺莎在这个问题上已经把这些困难给克服了，但是我现在必须告诉您，他从未这样做过。因此我且撇开斯宾诺莎，对您本人谈谈这个问题。如所周知，您所提及的那些困难绝大多数是由于人们混淆了原因与结果、推动力与位置移动所致。他们以为自己已经给运动下了一个真正的定义，而实际上他们不过是说运动就是运动，只是措辞略有不同而已。一只滚木球在球场上滚动，你要问运动的定义是什么，他们就一本正经地答曰：运动就是一个物体从相邻的其他物体移开，等等。玩滚球的人和哲学家一样都知道这个，因为这是他们每天亲眼目睹的。但是他们想听到的是如何解释这种结果（滚动）之所以产生的原因，对于这一点哲学家却常常是与玩滚球的人同样无知的。

15. 您说得很对，即使对原因和结果审慎地做了区别的那些人，对于推动力本身究为何物，是在物质之内的抑在物质之外的，是以何种方式推动物质的，是如何从一物体传给另一物体的，当其他物体静止时推动力是否在许多物体之间被分割，以及许多诸如此类的谜，也还是深感困惑不得其解。他们在自然界中找不到有推动力这样的实在的东西，也不能确定它是一个物体还是一种精神，更不能把它看作一种样态，因为任何偶性都不可能从一个物体传给另一个物体，无论什么物体都不能没有其特殊的原因，否则物体就不可能保持稳定而完全毁灭了。于是他们最后不得不求助于上帝，并且断定说，上帝不仅最初把运动传给物质，而且无论何时一有机会就仍在产生运动并使之继续下去，实际上上帝和宇宙间的一切运动是同在的。但是这种宇宙学说较之他们想要避免的那种学说会带来更加致命的结果。因为他们这样做不仅把所谓上帝自己足以决定未来的一切、最初将运动赋予物质的说法推翻了，而且进而把上帝作为自然界一切坏事的根源，而运动则仍只是一种样态而已。譬如，我们可以说，实际上是上帝使做假证的人鼓舌说谎的，是上帝使谋杀者动手杀人的，以及其他一些诸如此类显而易见的困难，这些困难他们即使竭智尽虑也是解决不了的。但是我何必对这种宇宙学说多费唇舌呢！既然如西塞罗所说，任何时代，当哲学家们不了解某一事物的原因时，他们就逃到上帝那儿去寻找庇护，这并不是为了解释事物，而是为了掩盖他们的浅薄无知，因为虚荣心使他们只能承认是上帝而不是任何别的原因把他们无法说明的东西撮合在一起的。

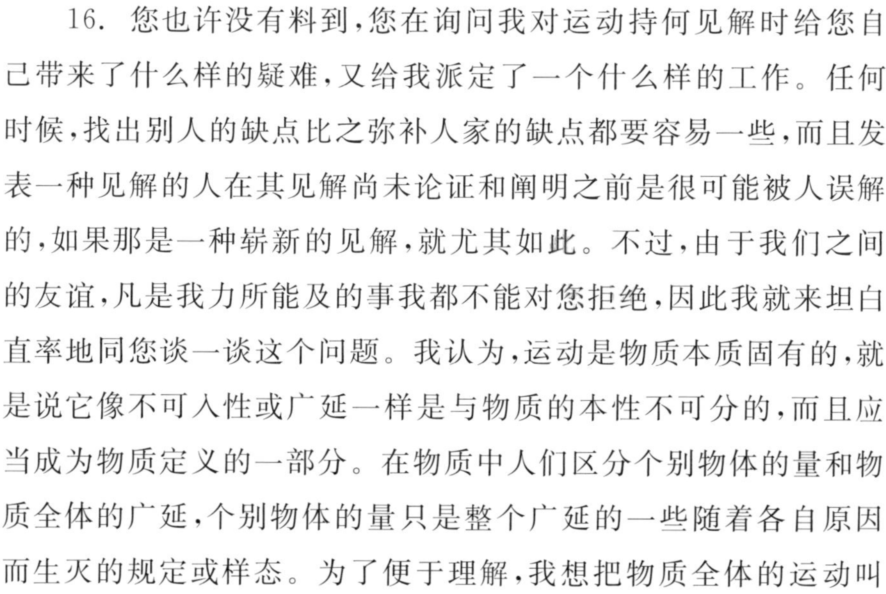

16. 您也许没有料到，您在询问我对运动持何见解时给您自己带来了什么样的疑难，又给我派定了一个什么样的工作。任何时候，找出别人的缺点比之弥补人家的缺点都要容易一些，而且发表一种见解的人在其见解尚未论证和阐明之前是很可能被人误解的，如果那是一种崭新的见解，就尤其如此。不过，由于我们之间的友谊，凡是我力所能及的事我都不能对您拒绝，因此我就来坦白直率地同您谈一谈这个问题。我认为，运动是物质本质固有的，就是说它像不可入性或广延一样是与物质的本性不可分的，而且应当成为物质定义的一部分。在物质中人们区分个别物体的量和物质全体的广延，个别物体的量只是整个广延的一些随着各自原因而生灭的规定或样态。为了便于理解，我想把物质全体的运动叫做能动性，而把各种位置移动，无论是直线的还是圆圈的，快的还是慢的，简单的还是复杂的，都还叫做运动，这些运动都不过是能动性的一些变化不同的规定，而能动性永恒存在于物质全体及其每一部分之中，没有能动性则整个物质就不可能有任何样态的变化。我不承认物质现在是或以前曾经是一团绝对静止、没有能动性的僵死的混沌，一种惰性的浊重的东西。我把这一点写给您，希望使您相信唯有这个观点才能够解释宇宙的运动量保持不变，唯有这个观点才能够证明既不需要也不可能有任何虚空，抛开能动性就不可能正确地给物质下定义。承认能动性则可以使有关推动力的一切疑难以及前面提到的所有其他疑难迎刃而解。

17. 不过，您会说，这种见解不特标奇立异，而且由于它不可避免地要推翻许多假设和学说，我将树敌于众。对此我的回答是：攻击是自己招来的，不是人家赐予的，只要能为发现真理做出一点贡献，我就不会因此而感到任何忧虑不安。我并不是要搞一个圆通折中的体系，像有些人所搞的那样，他们造出那些体系来调和各种不同的体系，但他们并不能肯定自己的体系一定比别的体系更正确。假如我并不是偏爱或者反对什么原因，而是能够根据事物自身的本性证明能动性是物质本质固有的，抛开运动不能正确认识也不能正确定义物质，没有物质固有的这种能动性无法解释物质中的任何事物，而且不难指出这种能动性也存在于极端钝重的物体中，那么有谁要是想争论一下的话，就可以跟上帝或自然去争论，而不要跟我争论，我不过是上帝或自然的一名谦恭的解释者罢了。不过，假如我应该把关于这个题目可对任何友人谈的东西公诸于世，我也并不畏惧任何敌人。因为无论哪一派都不能不用运动来说明自然现象。主张物质被创造的人可以认为上帝最初赋予了物质以广延也赋予了它以能动性；主张物质永恒的人则可以认为物质是永远可分的，也是永恒能动的。正如我在前面驳斥斯宾诺莎时所证明的，不承认物质的能动性，就不可能说明自然界发生的任何变化。我所要做的只是证明物质必然是广延的亦必然是能动的，并从而尽我所能地说明物质的各种特性；别人可能提出关于物质的起源或绵续性的讨论，我就不去卷入了。

18. 先生，从您几页来书的提示，我能趁机写这样一封长信，您就可以晓得，我是优有余暇，无拘无束的，无论如何我是不愿意打乱这种安逸闲适的生活的。但是您的来书却不能不使我在认识上有所进益。谈了这么多本然世界的哲学问题，我就不拿眼下发生的事物来打扰您了；我也希望承您垂爱，在我于此离群索居之际（我想久住下去）时有惠书赐下，对当今新闻则请勿道只字。因为在此类新闻事件中，有的东西较之同我们切身相关的很多公众舆论更能吸引人的注意，而由于这种东西又与公众事务搅在一起，我无论如何也不能像别人那样抑制住自己的喜怒哀乐，这种感情的激动也许十分合乎情理，但是我在此处不愿意惹来这些烦恼。不过，我所说的并不包括有关贵府和其他友人的一切消息。没有人像我，像您的这个恭顺挚诚的仆人这样，能够从他们的幸福，特别是从您本人的幸福中得到更大的真正的快慰了。

第五封信
运动是物质本质固有的，对一位尊贵的朋友评论《驳斯宾诺莎》的回答

梅米乌斯[①]啊，
你现在应该知道
物质原子被赋予了怎样的能动性。
——卢克莱修《物性论》第2卷

1. 请您原谅，先生，我不知道《驳斯宾诺莎》蒙您赞许是出于您的惠爱还是根据您的评判。您把您对那封信[②]第一部分的真实意见写给了我们可敬的朋友，但是使我感到愉快的却是您对那封信后面部分所做的一些反驳，我在那里公开宣明了自己的意见，认为物质必然是广延的，亦必然是能动的。对这一点您很难表示同意，无论我还是那位可敬的朋友都不会因此而责备您，除非在我们和您具有相同的想法时也来轻率地责备我们自己。我们的意见如

① 梅米乌斯(Memmius)，古罗马政治家，信奉伊壁鸠鲁哲学，卢克莱修的《物性论》一书就是献给他的。——译注

② 指驳斯宾诺莎的那封信。——译注

果缺乏充分的理由就理应被看作无用的东西，我们不承认在哲学上有什么独占的权利，有什么因袭惯有的特权，尽管在国法和习俗上我们是承认这种特权的。权威只能判断事实问题，而不能确定自然真理。应当感谢您在我介绍或提示我的论证之前就大胆而直率地提出了您的看法和反驳。您这样做表明您认为我的论断是站不住脚的，甚至是如此轻率和荒谬的，以至任何人至少都很容易以为那可能是为这种悖理反常的怪论而提出的论证。这不过是您臆想的一个自然的虚构，人们对于与普通信念相抵触的观点极易抱有这种想法，尤其是这种普通信念如果已有长久的历史而且已被普遍接受了的话。在您要我所做的答复中，我将随着您的来信的线索去谈，并在说清楚问题的限度内尽量谈得简短一点。

2. 您强调说，如果应当把能动性纳入物质的定义，那么它也就应当表示物质的本质。您这样说是很正确地理解了我的意思。的确，任何事物的一切属性都应当能从它的定义推出或认识，否则定义就不是清楚确切的，而是含混不完善的。在我看来，迄今用广延来定义物质，那是只给物质下了一半的定义，甚且是只下了三分之一的定义，物质的许多样态是绝不可能仅仅从广延就推得出来的。为什么任何运动的结果都不被看作物质本质所固有而被视为偶然得来、异乎物质的东西，原因就是在物质的定义中不把运动包含在内。然而，如果把物质既定义为广延的（您可以随着无与伦比的洛克先生加上凝固性）又定义为能动的，那么一切运动的结果就会像广延的结果一样自然而来，而无须用任何别的原因去解释了。认为运动是外加于物质的这种观点如被看作一种谬误，您就会承认建立在这个假设上的那些普通定义起了很大的作用，使它能够牢牢地盘踞在人们心中，因而使人们从一开始就习惯于把运动从物质中剥夺以去，而从不对这个假设发生怀疑，却反而把它当作一个自明的原理，您知道，那些企图借着提倡谬论邪说以沽名钓誉或支持既有的荒唐信念以维持其权威之徒，造出了一条永世不移的法规：原理是不容置疑的，于是不论什么格言套语只要对他们大有用处就一概奉为原理。但是如果运动是物质本质固有的，那么它就必然也是物质定义本质固有的。

3. 我接受您提出的另一个批评，即给物质下这样一个定义之前应当对物质必然具有的能动性做出明确的证明，这正是此信在后面要做的。我要尽力根据推理来介绍这个定义，指出自然界的全部物质、物质的每个部分从来都是在运动着的，也不可能不是在运动着的；硕大坚实的岩石中心的物质分子，铁棒金块内部的物质分子，正如水火空气中的物质分子一样，是在经常不断地活动着的，虽然不是按照相同的规定和相等的程度进行活动的，正如水火空气的分子互相比较，其活动也各有不同一样，因为这种能动性对所有这些物质，对宇宙间所有其他种类的物质都同样是自然而内在的东西，尽管它们各自的运动极其殊异多样，而这种殊异多样则是由于它们各自互相作用的方式不同而造成的。我们既已明白证明了物质本质固有的这种运动，那么，给物质下一个新的定义，就完全是时候了。

4. 您曾认为，似乎难以设想，我会永远坚持主张物质如无其自身的能动性或者不受此能动性的影响是不可思议的。但我还是坚决认为，物质没有运动正如没有广延一样是不可想象的，运动与广延一样都是同物质不可分离的。您的思想能力比我要精密得多,我希望您对此问题略做考究,然后告诉我您对所谓没有能动性的物质构成了一个什么观念。这样的物质必然是一种没有任何形状和颜色,既不是重的也不是轻的,既不是粗糙的也不是平滑的,既不是甜的也不是酸的,既不是热的也不是冷的,总而言之是没有任何可感的性质,没有任何部分、任何比例、任何关系的东西。因为所有这些以及一切物质事物的形式都是直接依赖于运动的,物质事物由于其各个部分的无穷的混合、转化和排列而产生、持续和消灭,所有这些都是运动造成的自然的毋庸置疑的结果,或者竟可看作是运动的各种不同的名称和规定。人们普遍承认的物质的可分性也是一个无可争辩的论据,证明物质没有运动是不可想象的。因为使物质发生不同的变化,使之有所区分的正是运动。因此可分性这个观念包含了广延,也包含了运动,正如广延是物质本质固有的,运动也是物质本质固有的。如果物质不赋有能动性,您怎能设想它是某种东西,是一个实体呢?它怎能成为各种偶性所依附的主体(按照流俗的定义)呢?因为所有的偶性都不过是物质能动性的一些规定,这些规定由于同人的感官的关系不同而各异,但实际上它们同我们的想象或者说同它们所在的事物本身是分不开的。圆性并不是与圆的物体不同的任何东西(所有的形状都可以这样说),因为这种圆性并不是任何实在事物的名字,而只是表述某一物体的特殊样式的语词。热、冷、声音、气味、颜色也都甚至不是事物本身的样式或样态,而是我们为事物作用于我们想象的方式所加的名字。因为大部分的物体,我们是从其对我们自己身体的关系而不是从其真实的本性来认识的。因此某人感觉是甜的东西,别人则感觉是酸的,我觉得是粗糙的东西,你则觉得是平滑的,

健康人感到愉快的东西,病人则感到是痛苦的。虽然绝大多数人的感官结构是十分相似的,因此其所感大致相同,但是仍有某种程度的差异。不过这些差异以及物质的所有其他的差异既然都是由各种不同的变化产生的,或者说这些东西都只是不同运动的概念,我想我就可以有把握地断定,如无某种能动性的概念,物质是决然不可想象的,我打算在我死前向人们指明这种能动性正如静止本身一样是真实的。如果您能够把运动给我从物质剥夺掉,那么我可以预断,您的这种物质概念和在您之前做过这种尝试的那些人的物质概念必然是一模一样的。因为他们的原初物质(Materia Prima)就是既非某物,也非质、非量、非被命名的某种存在物的东西;词儿虽用了许多,但实际是说它什么也不是。

5. 但是您断言,物质的广延即使不是自明的也是容易认识的,而物质的能动性则不是这样。这里请允许我对您的意见表示异议。我认为,二者是同样容易认识的,无论哪一个都不会引起怀疑或被弄错,除非你根据现象、习惯或权威来判断事物,而把事物自身的道理置诸不顾,争论什么以何种方法可以很好地证明月亮并不比一块柴郡的干酪大。庸夫俗子们以为他们感觉不到任何可见对象的地方就没有广延;有些人,在别的事情上你把他们列入庸夫俗子一流,他们是要大为恼火的,但是在认为看不见任何位置的或确定形式的运动的地方就没有能动性这一点上,他们同庸夫俗子却并无二致。经验表明,反对者的人数众多不能成为否定任何事物的真理的证据。世界上有些极平凡的事物在长时间里曾经是莫大的秘密;我们知道,很难找出一件人们不曾梦想去寻求它的秘密的事物;先生,请您稍稍耐心一点,我很乐于向您指出究竟是什么使得庸夫俗子以及各派哲学家都认为物质是惰性的，虽然有些哲学家明白知道物质确实具有普遍的运动，但是他们出于幼稚的偏见，却宁要把这种运动归之于任何原因而不归之于一个最适当的原因，这就使他们不得不常常杜撰一些驴唇不对马嘴、荒谬可笑的假设。

6．我同意您的第四点反驳（您知道我不会在任何事情上都轻易地对您表示异议），即许多最博学的哲学家都主张有一个虚空，这个概念似乎就是以物质的僵死或惰性为根据的。我还可以补充一句，这类哲学家中有些人和伊壁鸠鲁学派站在一起，否认虚空具有任何实在的广延，而认为虚空即是无物；另外一些人则把虚空看作一种具有广延的实体，但这种实体既非物体亦非精神。这些看法引起了关于空间性质的无数争论。承认有虚空这种意见，乃是把物质仅仅定义为广延，认为物质本性是没有能动性的，认为物质分割为处处彼此孤立的实在部分的那种观点所造成的无数错误结果之一。根据这些假设，不可能不有一个虚空；但是，由此出发，也不可能不有成千上万的谬论随之而来。我们可以证明，所谓物质的各个部分不过是物质特性的一些不同的概念，是物质样态的一些区别，因此那些部分只是想象的或相对的，而不是实在的，完全分开了的。水作为水可以产生，可以分割，可以变腐，可以增加和减少，但就水之为物质而言则不能如此。

7．为了避免有任何含混，我在此就告诉您，所谓物体，我理解为物质的某种样态，人心把这些样态设想为许多有限的系统，或者思想上抽象的特殊的量，但并非实际上同宇宙的广延分开了的。因此我们说由于多种多样的样态的变化，一个物体比另一个物体

是大些或小些，是分散的或分解了的。但是严格地讲我们就不能说物质是一个比另一个大些，因为宇宙间只有一种物质，如果物质具有无限的广延，它就不可能有彼此绝对孤立的部分，我刚刚说过，这些部分和分子被看作是一些物体。我们还造了许多别的词来帮助我们的想象，就如工人为了方便而搭了许多脚手架一样，但是待建筑一旦竣工，这些脚手架就必须放到一边去了，而绝不能把它们误作支柱或房基。诸如此类的东西之为大为小只不过是人心所做的比较，并非任何实际事物的名称，就如您和令小妹比较是大的，但和大象比较则是小的，令妹和她的鹦鹉比较是大的，但是站在妈妈身边她却是很小的了。诸如此类的词运用得当是很有用的，不过人们常常把它们滥用，把它们从相对的或表示样态的词变成了实在的、绝对的、实际的东西了。例如物体、部分、分子、某物、某个存在以及类似的词，在日常生活应用上是完全可以的，但在哲学的思辨中则是绝不可用的。

8. 还是回到您的反驳上来吧。另有一些人，虽然承认自然界只有样态的、相对的部分而无实在的部分，但是因为他们与持反对意见者一样也认为物质是无能动性的，所以未能尽其机智提出任何反对虚空的论据，反而提出了一些被反对者轻而易举就予以推翻的东西。您对哲学原是非常熟悉的，您知道这两派意见似乎有同等的困难，这就使得许多人相信事物的本性是无法说明的，他们常常不公正地把谬误归之于他们感到不满意的自己的那些概念，而不是归之于他们没有认识到的两派都有的那些站不住脚的假设。两种矛盾的意见，必然总有一个正确，一个错误，这是断然无疑的。或者有一个虚空，或者一切都是充实的（用他们不恰当的说法)，这一点是无可争论的；真理就在这两个短短命题的狭小范围之内，也是明白易见的。但是不论持哪种观点者至今都未能证明自己的意见是正确的意见，因为二者都是从一种错误的方法来进行论证的，从那种方法自然只能得到错误和谬论。

9. 但是，先生，如果您能像我所希望的那样，很快地相信物质是广延的亦是能动的，那么您关于虚空所碰到的一切困难都必然会消除净尽了。正如我们称之为某某物体的那些个别的有限的量不过是物质的一般广延性的若干变态，这些物体统统包含在物质之中而不能使物质有所增减，同样地，物质的一切个别的或局部的运动也不过是物质的普遍能动性的若干规定，这种能动性根据这样或那样的原因以这样或那样的方式使物质产生这样或那样的运动，而不使物质有任何增减。诚然，在所有关于普通运动规律的论著中，你都会看到一些物体丧失或获得不同程度的运动；但是那些规律涉及的是个别物体互相作用的量，而不是一般的物质能动性；正如物质的特殊的量是由其他较小的量而不是由整个的广延性来测度的。数学家计算运动的量和比例，因为他们观察物体的相互作用，而不管人人承认的东西的物理的理由。他们对物理的理由是不常关心的，而是把它们留给哲学家去说明。不过，如果哲学家们更熟悉数学家们的观察和事实的话，那么，正如牛顿先生正确指出的那样[①]，他们在说明物理的理由方面会取

① “对于力的量和任意设定的关系必须做数学的研究，然后转向物理学，将数学的结论与实际现象相比较，以便弄清楚一种力的状态是怎样与一个具有引力的个别物体相一致的；只有在完成这一工作之后，我们才可能较有把握地讨论力的种类、原因及其物理的关系。”——《自然哲学的数学原理》，第 192 页。

得更大的成功。

10. 物质没有任何不可分的属性，但是物质有广延性以及它自身固有的无数的变态。因此物质也有凝固性，有能动性；不过所有这些属性必然协同一致以产生每一特殊的样态，因为它们仍不过是这同一个物质在不同方面的情况而已。您跟着许多哲学家说，如果没有虚空，就没有C向之移动的地方，也没有B去推动C的余地；我再说一遍，您这样讲，不仅是和您的农夫们一样对空间抱有一种粗俗的概念，而且是把B和C点以及它们周围的一切点或大多数点都设想为实际上固定不动的和绝对静止的，但是您不应跟着众人去做恶，也不应跟着众人去犯错误；如果我成功地证明了物质的自然的、本质的、内在的和必然的能动性，那么您就不难看到，这些驳难将不再成为困难了，所有您的连接球体的循环运动，您的正在水中游动的鱼，以及其他那些陈腐的例子，都必须拿到别的场合去用了；因为这一切都假定有绝对的静止和运动的产生，而这正是成问题的事；如果物质的能动性可被证明，那么关于虚空的这些论证就不会有任何坚实的保证了。

11. 我前已向您提及哲学上对语词的滥用，我们可以特别举出数学家为了极好的目的而发明的一些术语为例。这些术语被他人所误解或歪曲了，而且往往被某些数学家自己非常谬误地加以应用。当抽象概念被当作实在的东西，从而被当作建立假说的原则时，这种情况是不可能不发生的。因此，数学的线、面、点曾被认为是实在的存在，从而不幸又推出许多结论，例如说广延是由点构成的，也就是说，长、宽、厚是由既不长，亦不宽，也不厚的东西构成的，或者说是没有任何量的量度的东西构成的。因此无限的这个词一直是异常混乱的，曾经引起成千的歧义和谬误。人们把数弄成无限的；因为可以没完没了地把一个单位加到另一个单位上去，于是似乎就可推出确实存在着一个无限数。无限的时间，人的无限的认识，渐近线以及很多其他的无穷进展，都是这种性质的东西。它们只是对人心的作用而言是无限的，而非其自身是无限的。因为凡是实际无限的东西确实是作为无限而存在的；而仅仅可能是无限的东西，则肯定不是无限的。

12. 但是，没有一个词比空间这个词被更多地滥用过，因而也没有一个词比它引起更多的争论。空间只是一个抽象概念（如后面将会看到的）或任何事物同与它有距离的其他事物的关系，没有考虑处于这些事物之间的东西，虽然这些事物同时都具有实在的存在。因此，地点就或者是一个事物与周围物体的关联中的相对位置，或者是它自身的体积所占据的场所，所有其他的物体则被认为是从这个场所排除了的，而这些都只是纯粹的抽象，只是与所含物体毫无区别的容积；距离则是任何两个物体之间的量度，而不考虑其广延被如此测量的事物。但由于数学家们有必要假定没有物质的空间，正如他们假定没有事物的绵延，没有量的点等等一样，那些认为物质是惰性的、不能以别的方式说明物质运动的产生的哲学家们则想象有一种不同于物质（他们认为物质是广延的）的实在的空间，这种空间是无形体的、不动的、同质的、不可分的和无限的。但是这整个的争论取决于物质的能动性和无限性。首先，如果物质本身在本质上是能动的，就无需发明这样的空间去帮助它运动，而且根本就没有运动的产生。其次，如果物质是无限的，它就不可能存在互相独立而以直线或曲线运动的孤离的部分，尽管

我们把那些样态称为个别的可分的物体。第三，物质也必是同质的，如果它既有凝固性或广延性又有自身的能动性，且未被分割成部分的话。第四，如果物质是无限的，宇宙必然没有任何地点位置的运动，因为在宇宙之外没有任何固定的点可使它不断地趋近之，也没有任何它能移向的地方。

13. 先生，我将力图按照您评论的顺序，简略地证明这几点。我并非不知，我是在反对一个为人们普遍接受的概念，而且人们告诉我在这个关于空间的题目上与我对立的是世界上最伟大的人物。这位伟大人物在这个问题上虽然恰好犯了错误，然而这绝不有损于他的伟大；因为他的无与伦比的著作中的那些证明和发现，即使没有空间这个题目，也仍然完全是正确的。至于我，我不能相信有一个与物质不同的绝对空间作为物质的所在，也不能相信有一个不同于其绵延被考察的那些事物的绝对时间。然而牛顿先生不仅被认为是相信这些东西的，而且是把这些东西放在同样的根据之上的。他说："时间和空间似乎是其自身和一切其他事物的所在。宇宙间一切事物按相继顺序说都是在时间中的，按位置排列说都是在空间中的。时空之为事物的所在，乃是时空的本质；而认为这些原初的所在可以移动则是荒谬的。因此它们是绝对的所在，而且只有从这种所在发生的移动才是绝对的运动。"①我相信，对这些话可做一种有利于我的看法的解释；但我还是按其通常被理解的意义来引用它，除此之外，他的著作(如我前面说过的)就无关紧要了。

① 《自然哲学的数学原理》，第7页。

14. 至于您断言一个物体重于或轻于体积相等的另一物体(以推论物质的无能动性和有一虚空),您必假定了轻和重不仅仅是关系,不仅仅是某些状况和外部压力的比较,而是实在的东西或绝对固有的性质。这种看法今天已为人人所抛弃,而且是与您本人对力学所知道的一切相抵触的。即使对一个中材之人,或许也不难使他相信,在假设的混沌状态中是不可能有轻重的,轻重这些性质完全取决于宇宙的组织和结构;这就是说,它们是实际存在的世界的结果,是其现存秩序的必然结果,而不是物质的本质属性。同一个物体随其被置于其他物体中间而更替变为重的或轻的。人们知道得再清楚不过的是,许多东西有时并无轻重。因为你在世界的结构中看到了这些结果或者根据万有引力定律进行推论,就以为物质的任何部分本身都有轻重,这不仅是设想物质在一切地方都受同样的作用,而且是设想一个钟表的齿轮、发条和链条可以各自独立地完成它们共同完成的运动。然而正是由于这样一些谬误的假设,哲学家们才在他们设想的一些世界构造中捏造出四元素的神话。这四种元素按其轻重不同而顺序排列,土在最下或居世界的中心,水在土上,气在水上,最上是火。各类各派的人们都曾迷爱这种原始混沌说。这种观点正如混沌其名的含义一样混乱和荒谬,而且每一步都是建立在不仅是任意的而且是完全错误和虚幻的假设之上的。关于从世界上最复杂的物体中抽取出来的这四种元素的数目及其纯而不杂的性质的粗鄙概念就是这样的假设;关于跳跃的物质微粒的轻重是这样的假设;关于事物种子的分离(如他们所说的)也是这样的假设,没有这种轻重种子就不可能分离,而且根据这种条件,没有一个万能的建筑师也做不到这一

点。但是他们常常并没有注意到他们给这个建筑师提供的工具和机巧之拙劣恰好表现了他们自己的理智之低下，而他们就是以自己的理智为唯一的模特儿来塑造这个万能的建筑师的。总之，这样一种不可靠的假设就是认为物质从来在任何时候都处于这种混然状态，而并未探究这种混然状态有多久和出于什么原因。此外还有上千的诸如此类的谬论，谁都可以很容易地从这些例子中看得出来的。这也可以作为一个例证表明普遍同意或者说自诩为普遍同意的任何流行的和共同的错误是无需用多少气力就能达到的。

15. 但是闲话少说。虽然不无勉强，您还是承认，大多数物体是处于实际运动中。但这并不能证明它们一直是这样的，也不能证明没有别的物体处于绝对的静止中。我承认并不必然得出这样的结论，虽然就其本身说这是真实的。不过，在我们来讨论静止之前，不妨先考察一下这种实际的运动达到多远和可能达到多远。宇宙的物质虽然是到处相同的，但是人们认为物质按其不同的样态而分为无数特殊的系统、涡旋运动；这些系统复又分为其他一些或大或小的系统，这些其他的系统在其中心、结构、组织和联系上是相互依赖的，正如它们每一个又都依赖于整体一样。例如，我们的太阳是那些较大系统之一的中心，这个系统又包含很多较小的系统于其活动范围内，如围绕它运动的一切行星；这些较小的系统又分为依赖于它们的更小的系统，如卫星之追随木星、月亮之追随地球；地球又分为大气层、地面、水和其他主要的部分；这些又分为人、鸟、兽、树、草、鱼、蠕虫、昆虫、石头、金属以及其他成千的不同的东西。由于所有这一切事物都是在一个链锁中互相依赖的，所以它们的物质(用通常的语言说)是彼此相互转化的,因为土水气火不仅是密切混合和联系着的,而且是在不断的周转中互相转化着的;土变成水,水变成气,气变成以太,如此在混合物中循环往复,无穷无尽。我们消灭动物以维持自己的生存,直至我们自己被消灭了去维持其他东西的生存,变成草,变成水,变成气,变成帮助形成其他动物或其他人的某种别的东西,而且这些东西又一个变成另一个;这些东西再转化为石头、木头、金属、矿物或动物,或者变成所有这些东西和大量其他东西的部分。动物和植物都是天天在互相消耗和吞噬;因此每个东西都确实是靠着毁灭其他事物而生活的。宇宙的一切部分都处于这种毁灭与产生、产生与毁灭的经常不断的运动之中。较大的系统正如最小的微粒一样,有其不停的运动:涡旋运动的中心天体围绕着自己的轴线而转动,涡旋中的每一微粒则都被中心所吸引。不论我们如何傲然自许,我们的身体同其他生物的身体全然无异,也像它们一样通过营养,排泄,生长,蒸发及其他一些方式而增减,把我们身体的一些部分给予其他物体,又从其他物体接受一些部分,我们的身体今日与昨日不完全相同,明日也不会继续相同,就如一条河,其生命就在不断之流中,就在我们的身体系统在死亡时完全分解而立地变成成千种其他事物的部分;我们的尸体部分地与地上的灰尘和水相混合,部分地蒸发和消散为气,飘到许多不同的地方去,与无数的东西相混合,融汇到一起。

16. 物质的任何部分都不拘于一种形状或形式,它们不断地丧失和改变自己的形状和形式,就是说,处于永恒的运动中,被其他部分所削弱、耗损、磨碎、分解,而得到它们的形状,而其他的这

些部分亦得到其自身的形态，如此进行不已。土、气、火、水、铁、木、大理石、植物和动物，都稀化或浓缩，液化或凝结，分解或凝固，或者以任何其他的方式互相转化。地球的表面每时每刻都展现出这些变化，没有任何东西会持续一个小时同一不变；这些变化只是若干种类的运动，因而是某种普遍能动性的毋庸置疑的结果。但是部分的变化并没有使宇宙发生任何变化。因为显然物质的不断改变、连续、革新和转化并没有在宇宙内部引起任何增减，正如如此众多的语词和语言虽然是由若干字母的无穷结合和变换而成的，但是并未增加或失掉任何一个字母。因为一个事物一旦放弃一种形式，就采取另一种形式，就如穿着一种戏装离开了舞台，随即又穿上另一套戏装登上舞台，因而世界永远新鲜而有活力，绝非如有些人所愚蠢地想象的那样会腐朽衰败，这种愚蠢的想法既悖乎理性，也违反经验；世界及其一切部分和种类是永远保持同一状态的。宇宙间诸大系统分成逐次减小的物质系统，这些小系统中的个别事物的确是有成坏的，但是并不全然绝灭，只是按其配置、结构或构造的强弱而以某些特殊的形式继续一定的时间，我们把这称为这个事物的自然年龄或天年；如果这个事物在其通常的时限之前就被周围更有力的运动所摧毁，那么我们通常把这种情形称为暴力或偶然，例如一个青年被杀害，天年未尽而早逝。但是物种通过繁殖而仍继续存在，尽管个别事物有朽灭；我们身体的死亡不过是物质之采取了某种新的形式。蜡上的印记可以变化不同，但蜡还是蜡。死之于生实乃同一件事，因为死只是不复是我们先前之所是，而生则是开始成为我们先前所不是之某物。在离开这个题目之前，先生，如果我提醒您注意下面一点，请您原谅：居住在这个星球上的无数连续不断的生成物，在死亡时就转化为同一的共同物质，分散在并混合于物质的一切其他部分，与此相联系的则是，物质在每一瞬间从活着的人体中不停地河水般地流出和排出，以及人体每日的营养，呼吸，和对其体积的其他物质附加。我认为，根据这些，似乎可以说，整个地面上没有任何一点物质不曾是人的一部分。这一推理并不限于人类，对于各种动物、植物或任何其他东西都是适用的，它们既然全都通过无数不停的变革而互相转化，因而每一物质的事物就是万物，而万物只是一个东西，这是再确实不过的了。

17. 到此为止根据可见的结果您承认在事物中有持续不断的运动。您说，空气、火、水、以太、蒸汽、呼气的微粒无疑都处于永恒的运动中。您承认那些从各种较大的可见物体逸出的感觉不到的微小物体的运动，这些较大的物体凭借其大小、形状、数目和运动作用于我们的感官，并产生了我们关于颜色、滋味、气味、冷热等等的感觉和观念。但是您同时又要求我的感官证明，有某些物体是处于绝对静止的，正如另外一些物体是处于绝对运动一样；您举岩石、铁、金、铅、木材以及诸如此类的东西为例，认为这类物体如无某种外力是不能突然改变其状况的。对此我的回答是，在这种情形下，真正的裁判者是您的理性，而不是您的感官；虽然我承认您的感官绝不会欺骗您，如果您要求您的理性来辅助它的话。至于您所说的那些例子，我也不怕向感官和理性二者共同请教。但是您必须经常区别开一切物质的内在能力、自动运动或本质的能动性与外在的地点运动或位置变化。没有前者就不可能有任何特殊的变化或分离；后者则不过是作为主因的本质能动性的各种样态。

各种特殊的运动是由其他更有力的运动所决定的，并根据同时的、后继的或周围的其他物体的运动而成为直线运动或循环运动，迅速的运动或缓慢的运动，连续的或间断的运动。物质的任何部分都有其自己的内在能力，尽管它们又是由邻近的部分按其特殊规定之强弱、顺逆而决定的；这邻近的部分又按某种其他的方式因其相邻部分而继续变化；于是万物都在无穷变化即永恒运动中进行着，如我所主张的那样。既然一切可想象的地点运动被认为是偶性，只是增减、改变和衰朽，而不毁灭它们所限定、所存在于其中的那个主因，因此这个主因绝不会是纯然想象的东西、纯然抽象的概念，而是某种实在的确实的东西。广延性不可能是这个主因，因为广延性这个观念并不必然含有任何变异、变化或运动；因此，正如我刚才所说，这个主因必是能动性，因为所有那些运动只是能动性的不同样态，正如一切特殊的物体或量只是广延性的不同样态而已。关于凝固性或不可入性，我将在适当的地方请您考虑，并指出这三种本质属性或性质是如何不可分和互相协作的。

18. 但是，不要忘记，在诉诸感官的时候，您难道不会像众人那样相信星星并不比普通的蜡烛大，太阳和月亮不过尺把来宽，假如您的理性没有计算过您的双眼和这些物体间的距离，也没有用您所熟知而无须我重复的其他一些恰当的论证根据这些物体在这样距离上的出现来测量其实际的大小的话？把恒星和行星区别开来，同了解行星的真正的运动（这是和感官所看到的运动大有差别的），这不是同一回事吗？我不想低语细说诸如在水中显得弯曲的直棍，或者鸽颈上的颜色之类，也不想高谈阔论诸如冷热、滋味、气味之类。它们并不存在于我们根据这些感觉来命名的东西本身中的。但还是回到我们谈论的题目上来吧。地点运动本身不是有时慢得非感官所能感知,从一点到另一点的移动难以分辨吗?虽然运动始终不断在进行,而且根据在钟表的定针或日晷的影子上的毋庸置疑的结果和可见的间隔,我们终于相信了这种不断的运动。那些极端迅速的运动也是如此,在这种运动中,例如一粒子弹的飞越之类的运动,是看不清它的连续性的。从外表来看一个人或任何动物的躯体,它像铅、黄金或石头一样,似乎没有什么内部的地点运动(且不说它的不可分的能动性);对任何一棵树或植物,我们也会有同样的看法。然而,除非树的每个分子都在运动中,它在生长时是不可能增大的,在枯萎时也不可能缩小的。您在解剖学方面的高超技艺加上普通的经验就会使您毫不怀疑,动物的一切分子,正如植物的一切分子一样,是处于不停的运动中的,即使人在静坐,兽在熟睡,或树立于原处不变,他(它)们也是在生长、衰萎、排泄、分解、腐烂、变肥或变瘦、变热或变冷。血液或树汁之循环于动植物的每一可想象的部分,今天在自然哲学中已非秘密。铁、石、金、铅较之那些被称为液体的东西并不缺少这种内在的运动,否则它们就不可能经历由空气、火、水或任何别的东西在它们身上所产生的那些变化了。由于它们是从先前不同的状态转成这些形态的,由于它们不断地消磨而最后改变了形状,可以肯定,它们的各个部分是经常处于运动之中的,然而它们并不那么轻易而迅速地就被周围的运动(虽然确有这种运动突然而来)所决定而把它们的形式或状况改变得为我们的感官所感知;这就使得人们以为它们根本没有运动,也没有任何特殊的规定性。

19. 无论如何,这些物体之保持在一个地点上乃是一种实在

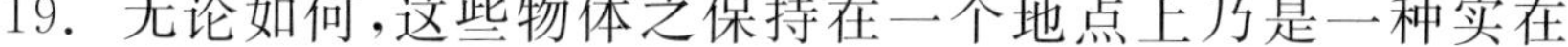

的能动性，这个部分的效力和阻力有时同作用于它的毗邻物体的规定运动相等，而这将使其不超过一定的限度。这一点从上面我对运动的无数连续规定性所清楚明白讲过的东西中可以很容易地了解，保持在一点上的物体的运动乃是运动的一个种类，被人们称为静止，以便把物体的这种状态同可见的地点运动区别开来。一个物体由于重力而下降，或者由于其他物体的更强的推动力而下降，就像是它自己的冲力比作用于它的那些规定更强似的。这个物体前进时受到地球的更强的阻力的阻碍，在回转时则受到在其后面的物体的相等压力的阻碍，但它同样是处于能动状态的，正如纵然吹向河口的风力等于涌向河源的潮流的力量，一只船并不缺乏能动性，因为这两股力量的任何一个超过了另一个，这只船就会开航了。这只船始终只是被剥夺了一种运动，而非丧失了一切作用力或能动性，正如铁、铅、金的部分虽然由于其自身的内在运动和周围物体的运动而不断增长、磨损、腐蚀、衰减、变化和消灭，但是我们却觉察不到，一直到它们表面生锈变色，数量有所增减，形状发生改变，或者通过其他可感觉到的结果，我们才终于完全相信它们是在运动变化的。因此静止既然只是物体运动的一定规定性、等量运动间的一种真实的反作用，显然它绝不是物体间的一种绝对的无能动性，而仅仅是对明显改变位置的其他物体来说的一种相对的静止。

20. 但是一般人把地点运动看作一种实在的存在物（正如他们也把所有其他的关系看作实在的存在物一样），认为静止是一种缺乏，或者认为运动是能动性，静止是被动性。然而每一个运动相对于其所推动的那个物体而言是一种能动性，而相对于给它以最后的推动力的物体而言则是一种被动性。把这些词的涵义从相对的变成绝对的,已引起了有关这个问题的大部分的谬误和争论。不过,最好的哲学家和数学家们尽管认为运动是物质的外在属性而静止是物质固有的,却已公正地承认物质的一切部分都处于实际的不断的运动之中,理性和经验的不可抗拒的证据使他们不能不承认这一点。他们承认,地下和地上的物体同样有不停的变化和运动,这不仅为矿山和采石场不同地层的性质、金属和矿石的生成所证实,而且也为所有其他的地下物体和化石的现象所证实了。他们承认,一切自然现象都必须按照力学的原理,用运动、用一切事物的相互作用来加以说明。事实上他们就是这样说明自然界的一切差异,说明那些基本的可感的性质,说明物质的一切形式、形状、混合或其他的变异和变化的。因此对地点运动做过精确思考的那些人认为,物体运动由之出发的地点和物体运动所趋的地点不是处于绝对的静止,而仅仅相对于那个物体运动才是静止的。虽然牛顿先生被认为是鼓吹广延的无形的空间的,但是他也宣称,也许没有任何物体处于绝对静止,也许在自然界找不到一个不动的物体中心;在一个地方他说:"一般人把阻力归之于静止的物体,把推动力归之于运动的物体,但是通常所想象的运动和静止彼此只有相对的区别,通常认为静止的那些事物也不是永远处于真正的静止状态。"到目前为止,这位值得赞美的作者是所有活着的人中对物质的实际状态认识得最深入的一个;全部物理学的确都应当按照他的《自然哲学的数学原理》第一卷的标题名之曰:论物体的运动。

21. 先生,我无须为了上面谈得如此详细而请您原谅,因为这

是您要求于我的，而且我之所以详谈细论也是为了那些人，他们对我可能向您提示的东西是无知的，而您则可能还是要把我的信给他们看或者把我的观点向他们讲。在说过了那一切之后，我想现在可以大胆地做出结论说：能动性是物质本质固有的，因为物质必然是被称为地点运动、变化、区别或差异的一切变易的主体，而且主要地还因为作为物质的无能动性或钝性之根据的绝对静止已被彻底否定了，已被证明根本不存在。认为有绝对静止这个流俗的谬见是由于看到重的、硬的和笨重的物体的种种现象而产生的；人们看到除非用更强得多的推动力（其效果是人们明显可见的）是不能改变这种物体的强推动力的，由此他们就得出结论说，第一，有绝对静止，第二，一切物体如无某种外部的推动者将继续保持这种状态，他们认为这个推动者不是物质，因为一切物体都是物质，对于各个部分是常态的东西[①]是如此，对于整体亦是如此。至少哲学家们是由这种静止观念（他们从所受的教育学到了这个观念）和感官的判断出发做出这个推论的。没有人是天生的神学家、哲学家或政治家，因此每个人最初都与俗众站在同一立场上，接受相同的成见和想法。他虽然可能摆脱了许多谬误，但是如果他把他所有的成见中任何一个丢下不加考察，他就会从这个原理出发进行推理而陷入矛盾或荒谬，否则我们实在是应当把他算作一位聪明能干的人的。因此既然您提出的那些事例中并没有这种绝对的静止，相反地，无论哪一部分物质都处于绝对的运动之中，您就不应当同那些最迷信或最少聪明的哲学家们站在一起，也不应当从一

① 指静止。——译注

种流俗的谬见去进行论辩；既然物质的每个部分都已证明总是在运动着的，您就应当根据您认为广延是整个物质固有的（因为每个部分都是广延的）那同样的理由断定，运动也是整个物质本质固有的。对于所有不怀偏见进行思考的人，经验提供给他们以相同的事例，理性则明白地证明上面这一结论。

22. 关于被认为处于静止状态的一切物体的相对运动，我一直略而未谈，现在我也只是提示一下，使您记得这些物体的相对运动同时也不失为绝对的。地球上的每个事物都参与其不断的运动（对于其他行星也可以这样说）；因为整体的运动不过是各个部分的运动的总和；这不仅从事物自身来看是明显的，而且从与事物相称的力来看也是明显的，这种力无论在对任何物体施以新的推动力还是在阻止其已然获得的推动力上都是必不可少的，因为这个力不能小于它所施予或阻止的力。一只运动着的球的一切可确定的部分彼此相对而言或就其在球中的位置而言虽然是静止的，但我们都只会说，它们作为球的部分全都处于实际的运动中，而且与在球之外的一切事物相联系着。所以一个旅客在航行时也参与了船的运动，更不要说他的人体的特殊运动了，虽然相对于他坐的位置或船的其他部分（尽管整个船在运动，它们同这个旅客却保持着相同的距离和位置）来说，他被看作处于静止状态。在第 15 节中，我只是随便提了一下使地球上一切物体趋向地心的那种向心力（正如所有其他的物体都趋向其自己运动的中心一样），对于使这些物体极力以直线退离地心（如果它们不是另外受某种更强有力的原因决定的话）的那种离心力则只字未曾提及。例如一块挂在吊索上旋转的石头在其轨道上被皮带所阻，皮带绳又被石头的运

动拉紧而缩向石头本身，石头在其转出的圆圈的每一点上都极力要直接飞出去，同时向人的手收缩；由此可以推知，圆形运动的中心之趋向石头正如石头之趋向中心，然而这种情形由于许多原因并不总是发生。这些力的作用愈明显，就愈接近均等状态，否则，一个力就会比另一个力更强；因此地球（包括大气层）各个部分的向心力之远远大于其离心力，乃是地球之不丧失其任何物质并总是保持同一体积大小的一个主要原因。使各个物体保持在其轨道上的地心吸力的向心力比物体力图逸出常轨的离心力强得多。不论这些力的原因如何，它们都无可辩驳地证明了我关于万物永恒运动的思想。不过对此我不想再多说什么，以免在关于引力的问题上同您发生争论，即物体的重量是否总是与其物质的量成正比，也就是说，1 立方英尺的铅比 1 立方英尺的软木塞重，是否因而前者也比后者的质量大（我知道，您依照某些不算低劣的哲学家的意见，就是这样主张的），或者说，体积相同的水银、金、银、铁、铅、土、水、软木或空气是否含有等量的物质，尽管它们的比重很不相同；之所以有这种不同，部分地是由于外部的压力，部分地是由于内部的结构或变异，这种内部结构或变异赋予它们的共同物质以各种不同的形式，这种各不相同的形式构成这些不同种类的事物，使之在引力上有所区别，正如它们在形状、颜色、滋味、气味及所有其他特性方面也是不同的，这些特性都是由它们特殊的结构、其他物体的作用以及我们的感官和想象力所产生的。下面是我个人的看法，虽然我此刻不拟详述自己的理由。我认为，如果引力是物质的一个本质属性而不是它的一种特定的样态，那么同一事物在一切地点和一切情况下就会具有同样的重量，正如它到处都具有同样的凝固性、同样的广延性；而且在其与地心的各种不同距离上无论运动速度如何都不会改变重量。因此我认为引力并不表明有虚空存在（如我在第14节中已向您谈过的），而且它只是能动性的许多样态之一，不过我此刻不去考察这个规定性是如何发生的。引力的实际存在是任何人都不能否认的。由引力或者说诸个别物体的这种相互作用所产生的运动的量和比例，不论其物理的原因如何，都要根据事实和观察来计算。由于同样的理由，对行星的吸引作用，它们的引力及其他形式的相互作用，我也略而不谈了。不仅从太阳的影响和月亮引起的潮汐，而且从若干其他的论证，我们都可以肯定地说诸行星显然按其大小、形状、距离和位置而彼此互相作用。

23. 认为运动是物质偶有的，认为运动实际具有各个独立的部分，认为有一个虚空或非物质的空间，这些看法并不是绝对静止观念引起的一些仅有的谬误。因为一些最少迷信且最严密地探察事物本性的哲学家曾教导人们说，一切物质以及气、水、木、铁、石的每个分子都像一个人、一只野兽一样是有生命的；由于从别人那里习知物质本质上是无能动性的（他们并不关心使自己从这种偏见中摆脱出来），然而根据经验又发现物质的所有各个分子都处于运动中并且相信生命与有机体并不相同，他们就很自然地被引到上面这种想法，而断定说这种运动的原因是虽然受到限定但与物质直接联系在一起的某种东西，运动是与这种东西分不开的。不过这种妄称万物皆有生命的说法是全然无用的，因为物质自身具有运动，实在的静止是没有的。主张万物皆有生命的哲学家分为几类；因为使谬误带上真理的外观需要许多不同的手段！有的哲学家，如斯多葛派，认为这种生命是与物质同其广袤的世界灵魂，它潜入和浸注于整个世界和世界的每个部分，它自身本质上是物质性的，不过比所有其他物体要无限地更为精微，其他物体就其精细程度和能动性而言则被认为是极端粗重的；但是柏拉图派的宇宙灵魂是非物质性的，是一种纯粹的精神。其他哲学家，如兰普萨库斯的斯特拉脱（Strato）和现代的物活论者们讲，物质的分子有生命，也有某种程度的思维，或者有一种无反思的直觉；古代的赫拉克利特和晚近的斯宾诺莎又加上了理解力或反映活动，但这并未克服面对这样一种靠不住的假设所遇到的那些困难，正如他们也难以证明（尽管人们假定这种想法是正确的）若干有推理能力的分子如何能协同一致地去形成同一个物体或系统，如何能在一定的场合有规则地分开或联合，而对于它们单独地或结伙地在其他地方之是好是坏没有任何意见冲突或改变；他们也无法证明，虽然一个人身上的一切分子都有感觉和理解力，何以只在他自身中才发现有这样一种能力而且这种能力只在一个地方发挥作用。其他哲学家所讲的有适应力的生命同样是荒诞的，按照这种观点的现代恢复者、博学多识的卡德沃思博士（Dr. Cudworth）的说法，有适应力的生命不是物质的，而是一种无感觉无思维的低级的精神，但被赋予一种生命的作用和能力；这种生命适应说与物活论似乎只是说法不同，不过它们的主张者却自称彼此有巨大的分歧，我推想这是为了逃避被归咎于其观点的那些荒谬的、使人厌恶的结果；正如冉森派和加尔文派在命定论问题上相互争吵一样，尽管冉森派的说法与加尔文派有一些细微的差别，但是他们所谈的这个教义肯定是指同一个东西。但是所有这些假设乃是许多明显的手段，用以解释无能动性的物质的实际的运动，避免每时每刻都把上帝带上场来，让他在一切场合、一切活动中毫无区别地而且也是根据绝对而不可避免的必然性发挥作用。上面我们谈了为物质提出外在的或外来的推动者的那些学说，至于那些承认物质本质上无能动性但并不给其运动指出一个原因的哲学家，如阿那克西曼德、阿那克西美尼和其他一些古人，或者那些对物质的运动和思维的原因都不做任何说明的哲学家，如近人中的斯宾诺莎，我认为他们是缺乏哲学思维的，因而不值得再做详细的论述。他们总是给人家以口实，让斯多葛派、唯灵论者和塑造论者[①]或叫做别的什么名字或派别之类的人们得意洋洋，欢庆凯旋。

24. 但是从人们假定的物质无能动性出发产生的最普遍的错误是承认有一个无限的、广延的，然为非物质性的空间的观点。因为有一些极重大的问题是基于这个实体性的空间而来的，而且有些功高德重、大名鼎鼎的人物也表示赞同而支持了这种观点，所以我要给您讲一讲它的历史，就像我对别的问题所做的历史的追溯那样；尽管在证明了物质本质上是能动的，证明了其普遍的运动是一切特殊运动的规定性的直接原因，正如广延性是各种不同的形状和数量的直接原因之后，我有正当理由本可以撇开不谈。人们之所以想象出这样一种虚空的空间也主要是为了说明惰性的物质何以能发生运动，为了给物质提供一个活动的地盘；但

① Plastics，一种反对唯物主义和机械论的哲学观点。英国剑桥柏拉图派认为，古代许多哲学家（如柏拉图、亚里士多德、恩培多克利、阿那克萨戈拉、普罗提诺等）都主张，世界万物及其生灭成坏不是其自身的机械力量（如原子的结合、分解、排列、配置）所致，而是由一种非物质的、精神的或神的力量所支配、所塑造的。

是既然物质不是无能动性的，并不需要通过一种外在的作用力而运动，那么这种空间就是无用的和虚构的东西，可以从哲学中抛掉。人们普遍承认，广延是无限的，因为它不可能被无广延的东西所限制；关于这一点的证明是尽人皆知，大家公认的，无须赘述。物质当其被想象为广延的东西时同样是无限的，因为你无法想象它有什么界限是不能无限地再增加更大的广延的；因此如果它不是实际上无限的，那么它的有限性必然来自其广延性之外的其他原因。根据哲学的理由主张物质有限的那些人，把物质想象为没有能动性的，可分割为彼此间带有空隙的各自独立孤离的部分；这些部分被认为自身是重的或轻的，当其被迫脱离其静止的本然状态时就具有了不同程度的运动和各种各样的形状。这就必然使他们一方面设想物质的有限的广延，同时又承认有另外一种无限的广延。这样，他们就不得不从其他一些方面来说明这两种广延的本质区别；即：无限的广延是不动的，不可入的，不可分的，不可变的，同质的，无形的，无所不包的；有限的广延是可移动的，可入的，可分的，可变的，异质的，有形的，有容量的。前者表示无限的空间，后者表示个别的物体。但是整个这种区分是建立在对有争议的事物的假定上的，而且是利用了诸如地点、全体、部分、微粒、可分性等语词的含混而多歧义的情况。因此，他们在视若当然地假定了物质是有限的，可分为部分，需从外部获得运动，而且有一个虚空的地方供其活动之后，就陷入了这种错综复杂的境地，或者说，他们规定了一种能贯穿另一种广延的广延，就如基质能贯穿其样态那样。但是所有这些假定（正如我时常向您说的那样）都不过是认为物质无能动性这个主要假定的逻辑结论罢了；与此相反的观点，认为运动为物质本质固有的观点，既已被证明，我们就没有任何理由不认为物质是无限的。而且，因为没有任何东西是没有属性的，所以人们普遍承认的那种无限的广延必当属于这个无限的基质，这个无限的基质在运动、广延和其他不可分离的属性方面都是无限多样的。

25. 先生，我本可以在此结束了；但是为了把这个问题讲得令您断无可疑，还要再略费唇舌，指出所有这些被当作空间和物体的本质区别而归之于空间和物体的东西如何毫不矛盾地全都属于无限的物质。因为我承认这些属性具有实在的存在，虽然表面上是彼此相反的，但都只是这同一个基质从不同方面来看的性质。当我们把物体想象为有限的，可移动的，可分的，静止着的，重的或轻的，具有不同形状，处于各种境况时，我们就是把各种规定从基质抽象出来了，或者说（如果您愿意这样说的话），把部分从全体抽象出来了，就是为物质的一定部分设想出一种其特有的、将其与所有其余部分分离和区别开来的界限。关于虚空的概念最初就是由此而来的。但是当我们把无限的空间看作不可入的，不可移动的，不可分的，看作容纳一切物体，一切物体皆涵盖于其中，并在其中运动的场所时，它本身就丧失了一切变化、形式或形状；那么，反过来说，我们就是把无限的基质从其有限的规定中抽象出来，或把全体从部分中抽象出来了。现在我们用这个学说来看一些个别的事例。我们不可能给无限的东西增加任何东西，也不可能从它那里减少任何东西，宇宙既不可能增大，也不可能缩小，因为在宇宙之外没有任何地方可将你从宇宙中去掉的东西移往那里，或者可从那里取来你要加给宇宙的东西。所以，宇宙是不可移动的，不可分

割的；既然它没有界限或限度，因而也是没有任何形状的；既然不论重复相加多少次的有限的量都不足以量度它的广延，因而宇宙是广大无垠的。因此，当我们说空间无所不包时，我们是指无限的物质，意在把全体同那些与全体尚未有别的部分区分开来。当我们说它遍及万物时，我们是把物质的广延性从它的其他特性中抽象出来了。当我们说它无形体时就是这样做的，这时我们像数学家那样只是从点、线、面来考察空间的。当我们说它是单一的时候，我们的意思是说空间是无限的，不可分的，因为只有一个宇宙，虽然可能有无数的世界。当我们说它是万物的场所时，我们的意思是说空间是其自身的种种规定（不论是运动、形状，还是别的规定）的基质。当我们说它是同质的，我们的意思是说物质永恒如斯，尽管其形态多种多样，变幻万千。最后，当我们说有限物体不可能存在于无限空间之外时，我们不过是说，如果它们不存在（于无限空间中），它们就不可能存在；因为它们自身的坚固性和相互关系全都是从它们为其部分的宇宙抽象出来的它们的地点，而它们只是有限地分有了宇宙的无限的运动、坚固性和广延性；因为无限的物质既是其自身各个部分和特殊形态的真正的基质，也是真正的空间和场所。

26. 现在您可以了解绝对空间这个概念是如何形成的了。它部分地来自这样一个毫无根据的假定，即认为物质是有限的，没有能动性的，可分的；部分地来自于把广延这个最明显的物质特性抽象出来，而将其他各种特性或各种特性在同一基质中的绝对的联系置之不顾，尽管我们可以在思想上把每个特性从其他特性中抽象出来，而在某些场合这样做对数学家是特别有用的，如果我们并

不把这样的抽象物当作实在的东西，并不赋予它们以独立于其所由之抽象的那个基质的存在，也不将它们归之于别的什么难以捉摸、莫名其妙的基质。人们常常把物质从运动中抽象出来，正如人们常常也把运动从物质抽象出来一样，对坚固性和物质、运动和广延、广延和坚固性、坚固性和运动，人们也常常做这样的抽象；每一个特性都可能而且确实被单独抽取出来而完全不考虑其他特性，但实际上物质的运动有赖于它的坚固性和广延，而且它的一切特性都是彼此不可分的。但是绝对空间的辩护者们把广延从物质抽象出来之后，就又把空间区分为一般空间和物质空间，即这个或那个物体的特殊空间，好像后面这种空间是附加在前面那种空间上的某种东西，虽然它们并不能为前面那种一般空间指定任何基质：它是一种既非物体又非精神的实体呢，还是一种新发现的具有存在的诸特性的虚无？不但如此，他们中有不少人还毫不迟疑地把一般空间看作最高存在本身，或者至少看作一种不完善的上帝概念，就像我们可在很有才能的拉尔夫森先生关于实在空间的著作中看到的那样。我在前面有两节曾提及他，不过，从他自己引证的文字可见，他既不是这种奇思妙想的始作俑者，也不是当今唯一主张这种观点的人。我确信那些绅士大都真的坚信有一个神存在，而且我诚心希望他们人人如此；但是我认为，他们那种轻率的热情却把神化为一个纯粹的虚无，或者说（尽管他们并不愿意这样）他们使自然或宇宙成了唯一的神，不过由于他们的用心还是好的，因此，所有公正的人士应当不会加之以无神论的恶名以及随之而来的各种罪状。然而，他们的失误却被无神论者们自己察觉出来了，而且成了他们深感快慰的一个话题。例如下面几行诗句中，作者

在指摘了某种别的关于神的观念之后，以远更充分的理由嘲笑了这种无限的无形体的空间：

> 另外一些追求崇高概念的人们
> 巧妙地证明你就是那万能的空间；
> 而我们确信空间乃是虚无，
> 于是这些人就偷偷地将你塞进
> 他们也不知其如何的真理。

关于有一种贯通另一广延的广延的幻想引起了其他许多人的讥笑，这些人远不是无神论者或不信宗教之徒。他们之中有些人乐意探明广延空间的理性和智慧之所在是在其整体中还是在其部分中？我这里谈到部分是出于方便的考虑，因为无限的东西是不可能有部分的。但是如果他们与西塞罗著作中的一个对话者相一致而推论说，整体必然具有理智，因为它的某些部分是有理智的，那么，除了我们不承认这些部分所具有的理智与它们的广延有任何关系，我们还可以同西塞罗的另一个对话者一道反驳说，根据同样的论证，整体必然是一个弄臣，是一个音乐家，是一个舞蹈教师，或者是一个哲学家，因为空间的许多部分是这样的。但是，所有这些论证都是诡辩，这些诡辩都是基于对可变样态和本质属性的混淆，或通过把真实的结果归之于臆想的、并非事物固有的或不适当的原因，而提出来的。

27. 在说明了物质本质固有的运动之后，您就会看到，那些为绝对空间辩护的人的论证，或者毋宁说他们的比较和类比，只不过

证明了一点，即您真是想到了他们之所想，要不然，您就会发现他们总是把需要证明的东西当作前提了。我们且同他们一起来想象：上帝把世界的全部物质分为两个相等的球体，如果它们彼此有一个距离，那么在它们之间就有一个可以量度的空间或虚空；或者如果它们在一个点上互相接触（圆满的球体必然如此），那么就有一个非物体性的空间介乎它们周边其他诸点之间。但是这一切难道不就是同时既假定了物质是有限的，又假定了他们想要证明的这种空间的存在吗？而且除了万有引力这个事实之外，这种假定不是没有任何其他我所能看到的根据吗？我可以像洛克先生一样仅仅思考一个物体的运动而把所有紧相接连地进入它的位置的其他物体都撇开不顾；但是我这样做就是因为我把这个物体抽象出来，而不去注意实际与之接连的那些物体。我可以像洛克一样，想象两个物体在一段距离上互相趋近，直至它们会合之前并未排挤掉任何别的物体；但是我之可以这样想，是因为我已经把这两个物体从它们必然要排挤掉的所有其他物体中抽象出来了。因为，正如洛克自己明智地指出的，仅仅从我们可以想象事物处于这样一种状态，并不能推出其确实如此存在；否则，就会有很多很多从未存在过的九头蛇、半人半马兽、吐火兽和其他怪物了。但是，我同意洛克的意见，即通过上述这些例子，我们完全明白了那些主张虚空空间的人们的意思，而笛卡儿派要否认和辩驳一种他们自己也承认对之毫无观念的东西则是荒唐而不可原谅的。关于这个问题可说的一切，洛克先生在《人类理智论》，特别是第二卷第十三章中都已说过了。在那里他特地讲了这样一段话："如果我们不假定物体是无限的（我想没有人会断定这一点），那么我就要问：如果上帝

把一个人置于物质存在物的尽头，他是否不能把手伸到自己身体之外？”洛克不会不知道在他出世之前就有很多人肯定过物质的无限性，我也并不是当今唯一无二持此主张的人。但是我虽能为自己形成这种幻想的边界的抽象观念，却找不出任何理由使自己相信广延（洛克承认它是无限的）确实存在于物质以外的任何地方，就是说，除了已被我驳斥的这些假设之外，他没有提供令我信服这个观点的任何论据；更不必说虚构的物质的边极所造成的那些难以克服的困难了，例如，关于物质事物的坚固性，它们的形状，能否有什么东西从它们那里解脱出来，这样脱离出来的那些部分会成为什么样子，以及其他成百上千的谜。我也可以同意洛克关于被分割开的微粒的想法，但是我不相信无限的物质的连续性会被各个微粒的表面及介乎其间的虚空空间瓜分掉。因为我们只能把我们称为部分的东西加以抽象（正如我在第 6 节和第 7 节对您讲过的），只能按照我们的需要单独考察广延，而且我们不是根据实在的分割，而是根据颜色、形状、运动等等的形式把这些部分与全体区别开来的，就像我们可以撇开太阳的光而只考虑它的热那样。洛克还说：“主张空间没有物质就不能存在的那些人，不仅必然使物质成为无限的，而且必然否定上帝有能力毁灭物质的任何部分。”（《人类理智论》第二卷第十三章第 22 节）说他们使物质成为无限的，这无疑是对的，但是进而断言他们否定上帝有能力毁灭物质云云则不能成立。且不说没有任何来自上帝的启示告诉我们他曾宣称要毁灭物质的任何部分，即使上帝确有毁灭物质的能力，那也不能证明真有一种虚空的空间，正如并不因为我能想象上帝可在三天之内把世界毁灭，这个世界就真的会在这么短的时间里完结一样。我不知道有什么理由主张物质无限的人(如洛克在其书中同一个地方所说的)不会像主张无限空间或其他无限性的人那样乐于说出自己的观点,因为无限这个词可应用于许多对象,而不仅仅限于一两个对象。笛卡儿之所以迟疑而未明确肯定物质是无限的(infinite),之所以满足于仅仅说它是不限定的(indefinite),乃因他一方面确信广延是无限的,另一方面又承认物质在本质上是没有能动性的而且实际上是可分的,故而不可能确证物质的无限性,尽管作为他的读者您常常并不需要任何证明就能指出他有时确实肯定过物质无限性。至于神学反对物质无限性的那些意见则是无足轻重的,它们只是证明了有些人虽然怀有巨大而强烈的宗教热情,但他们的哲学却是非常渺小的;我也不相信当今谦和而博学的神学家们还会去复活他们无知的先辈们的那些早已被驳倒了的诡辩。但是,我希望您会记得,尽管在空间问题上我同洛克先生有意见分歧,我还是认为他的《人类理智论》是一部最有用的书,无论在帮助人们恰当、明了、精确地谈论各种题目的问题上,还是在使人们获得现存于任何语言中的普遍知识方面,它都是大有助益的。我在这里也不是想要反对这样一位伟大的人物。但是,我知道由于我自己给您做的介绍,您对洛克先生的权威拳拳服膺,因此我一定要使您摆脱您可能从他那里得来的否认物质无限性、否认运动为物质本质固有以及由此出发而提出的一切偏见。

28. 现在,先生,在您以您那封简短然而饶有内容的来信迫使我不得不做这番冗长而令人生厌的答复之后,我毫不怀疑,您会同意,运动同广延和坚固性一样应当纳入物质的定义。但是如果您要我给运动本身下个定义,那么我就回答说,我不能给您这个定

义，任何别的人也不能给您这样的定义，纵然他是具有空前才能的人。这并不是因为我们对运动知道得少，恰恰相反，倒正是因为我们对运动比对任何可被定义的东西都更了解。诸如运动、广延、颜色、声音之类的简单观念都是自明的，对它们的名字是绝不能下定义的；只有表示复杂观念亦即由诸自明的简单观念组成而被视为单个事物的观念集合的名词才是可下定义的真正对象，因为代表简单观念的若干名词组合在一起表示整体的联系、可能性和概念。因此世上没有任何词能释义蓝，能给从未见过这种颜色的人一个清晰的蓝的观念。但是，假如这个人熟悉其他各种金属却从未见过金子，那么他从别人说金子是黄色的、重的、有延展性的、可熔解的、坚固的等等的描述中还是能够形成一个清晰的金子的观念。因此，当简单观念的名字被定义时，我们一定不要以为所定义的就是其对象本身，因为同义词并不说明事物的本性，而只是以更易理解的词语表达这个词的意义。因此，过渡、转化、移动、连续加力，都只是另外一些表示运动的词，而不是运动本身的定义，正如亚里士多德的“潜能的存在变成现实”并不是运动的定义一样。但是所有个别地点上的运动却可以它们运行的路线和决定其方向和速度的原因来定义。对于物质的普遍广延性和按容积、形状或其他方面计量的广延性的个别规定，我们也应做同样的区别。物质的坚固性也是一个直观的或者说不可定义的观念。但是我这里所说的坚固性不是几何学意义上的一切具有三维度的量，而是像洛克先生那样用坚固性这个积极的词代替不可入性这个消极的词来表示每个物体抗拒任何其他物体进入其所占位置的阻力。例如，均等地施压于各个方面的一滴水，除非被去掉，是宇宙间最坚固物体相结合的不可克服的障碍;一块木头会使您的双手用尽力气也不能并拢,对于所有液体的和柔软的东西,最坚固或最硬的东西,重的或轻的东西,对于空气和果瓤,金子和钻石,都可以这样说。正如思想最为严密的洛克先生又给您指出的,坚固性一词被用来表示物质的一种不可分离的属性,其区别于通常使用的含义就在这里。在通常的用法中,坚固的表示硬,在这个意义上,它是所有难以分开的事物的各个部分的某种凝聚,而在哲学的意义上,坚固性则是一种充实或对一切其他物体的完全排斥,我在整个这封信(除了第3节)中就是在这个意义上使用坚固性一词的。

29. 我并不想说除了广延性、坚固性和能动性三者之外,物质没有任何其他的本质属性。但是我相信把这三种属性联系起来做适当的考察可比过去更好地说明无数的物质现象。然而,对一位把物质的任一属性从其他属性抽象出来而把它当作物质的唯一的全部本质的人,我们却很难期望他在自然哲学上会有什么发现,因为除了在思想上,物质的那些属性千真万确是决然不能互相割裂开来的。例如,我认为广延性并未穷尽物质的概念,因为它不包含坚固性和运动,但是,说所有广延的东西都是物质却是很对的,虽然物质不仅仅是有广延性的,而且也是有能动性、有坚固性的。我们在单纯地考察这些属性时,它们各自并不互为前提,而且它们每一个都有某些被认为直接属于它自己的样态,然而在自然中它们却联系得如此牢固,以至于一个离开了另一个就不可能存在,而且各自专有的那些样态也必然是它们协力一致产生的。广延性是物质的一切区分、形状和部分的直接基质,但是造成这些变异的则是物质的能动性,而没有坚固性,它们就不可能各有不同的特点。能

动性是物质中发生的位移、变化和多样性的直接原因，但是广延性则是它们的距离的基质和尺度。物体的阻力、冲力和推力取决于坚固性，然而在广延中产生它们的却是能动性。因此坚固性、广延性和能动性是三个不同的观念，而不是三个不同的事物；它们不过是从不同方面对同一物质的考察而已。

书归正传。现在您大概已不难了解，Vis motrix（真正的动力）就是物质本质固有的这种能动性；个别物体所受的力（Vis impressa）则是普遍能动性的某种限定状态。因为在这个意义上，除非被他物所决定，任何事物都不可能自己运动，亦即不可能决定其自己，这一点是不容争辩的。因此具有能动性的物质的任何部分被给定的运动方向会永远自行继续下去，因为任何结果都不可能没有原因，所以必须有某种更大的力量才能改变这个方向，而这个更大的力量又须有另外一种力量来改变，如此等等。只有当另一种力量开始起作用时，这一种力量才不再发挥作用；同样地，物质的一种形状只有在让位于另一种形状时才会消灭。因此，一个运动总是被另一个运动接续下去，而绝不会继之以绝对的静止，同样地，在任何一部分物质中，一种形状的消失不可能是一切形状的消失。坚固的有广延性的物质的各个部分中运动的这些规定就是我们称为自然现象的东西，我们赋予这种自然现象以名称，或者按照它们对我们感官有何影响，它们在我们身上引起痛苦还是快乐，它们有助于维护我们的生存还是促使我们毁灭，我们就说它们是有益的或有害的，完善的或不完善的。但是我们并不总是根据自然现象的真实原因或它们互相产生的方式给它们命名的（例如弹性、软硬、流动性、数量、形状和个别物体间的关系，我们就是这样命名

的)。相反地,我们往往认为许多运动的规定性是根本没有原因的,例如动物的自发运动。那些运动虽然可能伴随有思想活动,但作为运动,它们还是有其物理的原因的。例如,一只狗在追逐一只野兔时,偌大的一个外物强烈地刺激、诱惑着它的神经,这些神经与肌肉、关节及身体的其他部分相配合而在这架动物机器中产生各式各样的运动。凡是稍微了解物体由于直接接触或由于从它们不断流出的感觉不到的微粒而发生的相互作用的人,再加上对力学、流体静力学和解剖学的知识,就会相信,坐、立、卧、起、跑、走以及诸如此类的运动全都有其特有的、外在的、物质的、相称的决定因素。牛顿先生在《自然哲学的数学原理》前言中谈了重力、弹力、阻力、冲力和引力以及根据这些原理对世界体系所做的解释之后,又说:"我希望根据同样的推理方法能够从力学的原理解释其他的自然现象!因为有许多理由使我猜想,所有这些现象可能都依赖于某些力,由于这些力的作用,物体的粒子通过一些尚未被发现的原因而互相推进,以规则的形状结合在一起,或者互相排斥而彼此分离。这些力还不为我们所知,所以哲学家迄今对自然所做的研究都是徒劳无功的。"[1]关于这些特殊的力和形状及其原因和等别究竟如何,世上恐无人能如这位最杰出的作者揭示得如此之妙而将其归结为一个明白易解的体系。但是,至于全部物质具有的普遍的动力问题,则我敢自诩在这封信中已对此有所阐明。

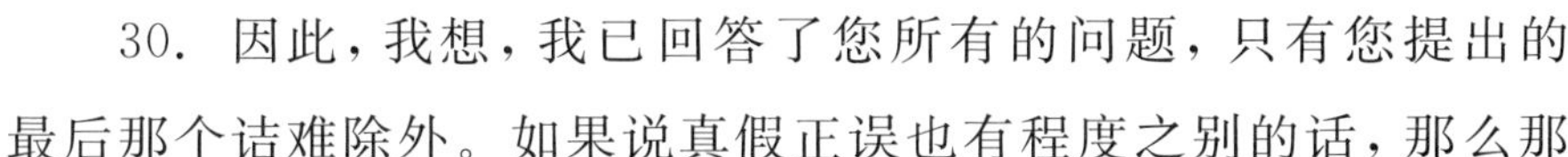

30. 因此,我想,我已回答了您所有的问题,只有您提出的最后那个诘难除外。如果说真假正误也有程度之别的话,那么那

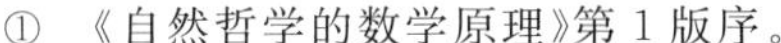

① 《自然哲学的数学原理》第1版序。

个最后的诘难就是所有诘难中最软弱无力的一个。您说，承认了物质的能动性，似乎就无须有一种最高的智慧了。恕我直言，这是我从您的口中听到或在您的笔下看到的最轻率最浅薄的一句话。因为您不像很多人那样，从不允许自己做出违背自己内心信念、令人不快的结论。况且，上帝是有能力把物质创造成既是广延的又是能动的，他能赋予物质这一种属性也能赋予它另一种属性，没有任何理由说他应当赋予物质前一种属性而不赋予他后一种属性；而且难道上帝不必然永远或总是指挥着物质的运动吗？难道根据物质的能动性不是比根据广延性可以更好地说明动植物的形成吗？难道您能想象，各个物体间的作用和反作用、一切物质粒子的相互作用，就能构造出一种这样令人惊叹的动植物机器吗？您在机械结构方面拥有的全部技艺都不可能帮助您（正如它不曾帮助了笛卡儿一样）去找到制造一个人或一只老鼠的法则和手段。原子在可能设想的任何机遇下的任何混合都不可能使宇宙的各个部分具有现在的秩序，不可能使它们继续处于这同一秩序中，也不可能造成一朵花或一只苍蝇的有机体，正如您很难想象，一架印刷机的铅字经过千百万次的组合最后会创造出维吉尔的《埃涅伊德》、荷马的《伊里亚特》或别的任何作品。至于物质无限性，它所排斥的只是一切明白事理、思想健全的人都一定要加以排斥的东西，即一个有广延有形体的上帝，但它并不否定有一个纯粹的精神或非物质的存在。我相信，您知道那些虚妄不可靠的体系提出过无休无止的奇谈谬论，所以您有意地让我摆脱许多常见的诘难。笛卡儿派的一些人（无须提及其他人）为极端荒唐的谬论所驱策而提出了一些极端荒唐的假说，他们不了解物质运动的动力何在，又想避免使偶性从一个基质过渡到另一个基质，竟然大言不惭地说，上帝从一只正在向前滚动的球那里取来运动，把它传递给跟这个球发生摩擦的另一个球，在这个过程中上帝以其直接协助作用使球继续运动下去，并按照通常的运动规律逐渐取消其运动。难道这能说明任何问题吗？难道说这种话的人就是那些嘲笑过（经院哲学家讲的自然万物间的）感应、憎恶、隐秘的质等等的人吗？我知道我是在对谁讲话，所以我把一切都讲得如此之简短；我知道稍做一点提示，您就足以凭自己绝妙的天才把其他一切结论都发挥出来。况且，通常的答案是绝不会使一个摒弃通常假设的人满意的。

31. 您下次给我写信时，务请考虑一下，数学家们（他们一般都是最好最严密的推理家，尽管有时他们也从无根据的假设出发而且常用抽象观念构造实在的存在物）是否不了解（自己没有意识到）他们所说的 Conatus ad Motus（运动的冲动）就是物质的这种内在的本质固有的能动性。我曾向您指出，斯多葛派、塑造论、物活论派和其他派别的哲学体系都是产生自对这同一永恒而普遍的能动性的揭示。我这样讲时有意未提数学家们的观点，因为我并无意把我在这个题目上可说的一切统统写出来，而只是谈谈我认为在回答您的诘难并使您改变到与我相同的观点上所必需的东西。我也不想向您指出，关于运动为物质本质固有这种观点，除了可使我们对自然在总体上有一种更清楚的认识，并对有关动力、没有虚空或带有虚空的位移运动、空间的性质和物质的无限性等争论问题做出详细的解决之外，在哲学上还有什么进一步的用处。

我相信，您读信未及至此，就已将我的这个学说用来解决若干其他的难题了，因为您对各个哲学派别的那些与其说是真正的阐释不如说是不充分的猜测和可怜的循环论证都毫无偏向地做过仔细的思考。我相信，您也已注意到，从任何一个被当作无须证明或检验的无容争辩的真理的虚假原则出发，会使数不尽的谬误漫延整个哲学。我自己在这个方面时时做些观察，我将乐于把它们告诉您和我们共同的朋友，这位朋友正独自在宫廷从事哲学研究。无论在才智学识方面，还是在教养谈吐方面，他都是超群过人的。他那卓越的天才和美妙的情思不仅在最微妙最困难的政治问题上而且在寻常礼节方面也是出众不凡的。但是，先生，他日或有幸再次承教于阁下，这里就不多所叨扰了。

图书在版编目(CIP)数据

给塞伦娜的信/(英)约翰·托兰德著;陈启伟译. —北京:商务印书馆,2017
(汉译世界学术名著丛书:120年纪念版:珍藏本)
ISBN 978-7-100-14647-0

Ⅰ.①给… Ⅱ.①约… ②陈… Ⅲ.①托兰德(Toland John 1670-1722)—哲学思想 Ⅳ.①B561.25

中国版本图书馆CIP数据核字(2017)第152239号

汉译世界学术名著丛书
(120年纪念版·珍藏本)
给塞伦娜的信
〔英〕约翰·托兰德 著
陈启伟 译

商务印书馆出版
(北京王府井大街36号 邮政编码100710)
商务印书馆发行
北京冠中印刷厂印刷
ISBN 978-7-100-14647-0

2017年12月第1版 开本710×1000 1/16
2017年12月北京第1次印刷 印张11
定价:52.00元